# SÍ SE PUEDE

## El movimiento de los hispanos que cambiará a Estados Unidos

# SANJUANA MARTÍNEZ

# SÍ SE PUEDE

## El movimiento de los hispanos que cambiará a Estados Unidos

Grijalbo

**Sí se puede**
*El movimiento de los hispanos que cambiará a Estados Unidos*

Primera edición, 2006
Primera edición para EE.UU., 2006

© 2006, Sanjuana Martínez
Fotografías de Manuel Ortiz y Sanjuana Martínez

D. R. 2006, Random House Mondadori, S. A. de C. V.
        Av. Homero No. 544, Col. Chapultepec Morales,
        Del. Miguel Hidalgo, C. P. 11570, México, D. F.

www.randomhousemondadori.com.mx

Comentarios sobre la edición y contenido de este libro a:
literaria@randomhousemondadori.com.mx

ISBN: 0-307-38359-8

Impreso en México / *Printed in Mexico*

Distributed by Random House, Inc.

A Manuel Martínez,
inmigrante al que no convenció el
"sueño americano".


Y a Carlos,
inmigrante también.

# Índice

# 1. Génesis de un movimiento

## HEREDEROS DE CÉSAR CHÁVEZ

El movimiento panhispano que recorre las calles de Estados Unidos es inédito. El despertar del «gigante dormido». El surgimiento del mayor movimiento de derechos civiles registrado en la historia reciente de este país.

Un colectivo tradicionalmente relegado, casi invisible, que de pronto se convierte en actor determinante del sistema económico y político. Fuerza productiva que a través de esta nueva lucha sin precedentes surge en una revuelta pacífica, en un desafío bastante claro: los 45 millones de hispanos existen y exigen derechos.

A diferencia del movimiento de los chicanos en 1968 y de las reivindicaciones campesinas de los hispanos en la década de los 70, en esta ocasión la organización de las históricas manifestaciones iniciadas el 10 de marzo —cuando más de medio millón de inmigrantes marcharon por la calles de Chicago— no cuenta con un solo líder como los históricos dirigentes latinos: César Chávez (1927-1993), Bert Corona (1918-2001) o José Ángel Gutiérrez (1959-1990).

11

Hace más de 40 años surgieron las grandes movilizaciones a favor de los derechos civiles de los negros estadounidenses, descendientes de los esclavos africanos, a los que, para ser políticamente correctos, hay que llamar hoy afroamericanos.

Algo parecido está sucediendo ahora con los latinos de Estados Unidos, pero en esta ocasión detrás del nuevo movimiento inmigrante no existe un líder nacional. La paternidad del movimiento se distribuye entre decenas de líderes comunitarios que durante décadas han dedicado su vida a la defensa de los «sin papeles».

Las multitudinarias marchas a nivel nacional contra la «Ley Sensenbrenner» arrancan en las comunidades hispanas que pueblan este país con más de 42 millones de inmigrantes de lengua española; una población que se niega a ser considerada como «ciudadanos de segunda clase».

Es allí donde asociaciones humanitarias, sindicatos agrícolas, organizaciones vecinales, federaciones de trabajadores, grupos religiosos y comunidad en general se organizaron para hacer llegar un mensaje a todos: «Hoy marchamos, mañana votamos».

¿Por qué ahora? Sin duda porque, de manera imperceptible, la tensión en ambas partes del conflicto —la que propicia la situación de sometimiento y la que lo padece— ha venido acumulándose silenciosamente hasta desbordarse. El número de ciudadanos que existen y no existen, que son de carne y hueso para efectos laborales e invisibles para todos los demás, que trabajan y pagan impuestos, pero no figuran en ningún registro público a la hora de votar o de disfrutar de cualquier derecho o beneficio, ha superado el límite de lo tolerable.

Las autoridades y los sectores sociales más conservadores de Estados Unidos han optado por poner fin al problema po-

niendo fin a quienes lo protagonizan y padecen: criminalizando la inmigración, erigiendo un muro en la frontera, deportan-
do masivamente a quienes —se dice— quebrantan la ley cada
vez que respiran.

Es una ley de la física que a toda acción corresponde una
reacción. En este caso, la reacción no podía venir sólo ni sobre
todo de un colectivo, el de los inmigrantes indocumentados,
que precisamente por sus condiciones de vida, de clandestinidad, y por su falta de recursos, carece de la fuerza necesaria:
viene del colectivo latino de los estadounidenses con memoria
y con conciencia cívica. De quienes saben y recuerdan que
ellos, o sus padres, o sus abuelos, también fueron «mojados»
alguna vez. De quienes no esconden ni se avergüenzan —ya
no— de ese humilde origen. De quienes han comprendido que
no necesitan olvidar el español para aprender el inglés.

La represión como respuesta es un instrumento poderoso,
especialmente en manos de las autoridades del país más rico del
mundo, si éstas se sienten respaldadas por la opinión pública, o
al menos por el sector más conservador y activo. Sin embargo,
la solidaridad es un arma tanto o más poderosa. Los indocumentados ya no están solos. Hasta ahora, la mayor parte de los
hispanos de Estados Unidos se había mantenido al margen del
conflicto, sea por indiferencia, sea por temor a que la llegada
incontrolada de nuevos inmigrantes pudiera poner en peligro
los frutos de sus esfuerzos de toda una vida, a veces de varias
generaciones.

Eso está cambiando. En esta sociedad extremadamente
individualista, que rinde culto al mito del esfuerzo personal
como llave de todas las puertas, y que suele mostrarse muy re-
ceptiva con las causas nobles más remotas, pero muy poco sen-

sible con las más cercanas, está despertando una nueva conciencia. La torpeza de Sensenbrenner o de Huntington, el discurso apenas veladamente supremacista que identifica de manera exclusiva y excluyente el alma y la identidad estadounidenses con su origen anglosajón y descarta cualquier otro, han generado una reacción de solidaridad en los latinos, que por fin aceptan que la sangre, el sudor y las lágrimas de los indocumentados son también suyos.

El liderazgo hispano se centra en organizaciones como el Sindicato de Trabajadores Agrícolas (UFW), el Consejo Nacional de la Raza, la Hermandad Mexicoestadounidense, la Coalición para los Derechos de los Inmigrantes de Los Ángeles (CHIRLA), la Asociación Política Mexicoestadounidense (MAPA), el Movimiento de Inmigrantes (MICA) y los Voluntarios de la Comunidad, entre otros.

Con el apoyo de los medios de comunicación en español —la prensa escrita, la televisión y sobre todo, la radio—; con mensajes enviados por celulares o a través del correo electrónico y páginas *web*, los líderes empezaron a difundir, desde hace más de un mes, la «semilla» de la conciencia cívica, para lograr que una población tradicionalmente «silenciosa y casi invisible» se sacudiera el letargo y saliera a la calle.

Esa nación discreta, que vive dentro de otro país y que finalmente se despabila, se hizo notar sin una figura central como César Chávez o Bert Corona: «El gigante dormido despertó —dice entusiasmado Miguel Araujo, fundador del Centro Azteca, una organización de inmigrantes que opera en California con otros 300 grupos distribuidos por el país y que lleva semanas organizando manifestaciones en las principales ciudades—. Es el nacimiento de un nuevo movimiento de dere-

chos civiles. Detrás de todo esto ha habido un grupo de individuos con una gran calidad moral, líderes populares con mucho
apoyo. Ésa es la clave. Y esto es imparable. Ahora debemos resolver otros problemas. Es un error despertar, comer un taco y
seguir durmiendo. Eso sería terrible.»

La Federación Estadounidense del Trabajo y Congreso de
Organizaciones Industriales (AFL-CIO por sus siglas en inglés), que incluye a 66 sindicatos de todo el país, ha aprovechado la respuesta masiva de los inmigrantes. «La lucha apenas
acaba de empezar. Los sindicatos se han dado cuenta de que
también tienen que defender a los trabajadores indocumentados», dice en entrevista Mike García, portavoz de la AFL-CIO,
el mayor sindicato de Estados Unidos.

El siguiente objetivo es organizar políticamente a la gente
para movilizar el voto el próximo mes de noviembre. Esta federación sindical representa a miles de trabajadores de la limpieza, jornaleros, albañiles, obreros, carpinteros, pintores y
meseros, y estableció contactos con los «clubes» de zacatecanos, yucatecos, michoacanos, veracruzanos y con estudiantes,
trabajadores de las administraciones públicas y las iglesias, para
invitar a participar a la gente.

«La radio en español fue el primer vehículo que usamos para mandar el mensaje de las marchas. Les dijimos que había que
protestar sin violencia, para demostrarles a todos que somos
gente honorable, que también somos americanos y construi-
mos esta economía. No somos terroristas ni criminales», añade
García, ciudadano estadounidense de 53 años, hijo de padres
zacatecanos.

En lo que ya se conoce como «levantamiento cívico de la
inmigración» también participan organizaciones con una larga

tradición de asociación en Estados Unidos: «Decidimos adoptar una estrategia nueva ante los peligros que se ciernen sobre nuestro pueblo con esta legislación fascista del senador Sensenbrenner de Wisconsin —dice en entrevista Juan José Gutiérrez, presidente del Movimiento Latino USA—. Ante esta amenaza el pueblo nos exigió que teníamos que cerrar filas y dejar las diferencias que no nos permitían trabajar en conjunto desde hace muchos años. Detrás de esta movilización histórica se encuentra un comité coordinador de una docena de organizaciones con un trabajo de 38 años, gente que está luchando todos los días por sacar adelante un proyecto que resuelva el drama humano que están viviendo los trabajadores indocumentados y sus familias.»

## «Oye, patria, mi aflicción»

¿Qué poder de convocatoria logró marchas de más de 1 millón de personas como la de Los Ángeles? El locutor de radio Eddie Sotelo Montes, mejor conocido como El Piolín, tiene la respuesta. Fue él quien organizó una «cumbre» con sus colegas de las distintas radios en español con quienes compite por la audiencia de las mañanas, para «sensibilizarlos» sobre la necesidad de invitar a sus miles de radioescuchas de todo el país a que asistieran a las marchas organizadas en contra de la ley antiinmigrante HR 4437.

El Piolín logró que se unieran Humberto Luna, de la KHJ, Ricardo Sánchez, El Mandril, de la KBUE, y Renán Almendárez Coello, mejor conocido como El Cucuy. En esa línea estaban otros compañeros locutores del país como Rafael Pulido, El Pistolero, de la 105.1 de FM de Chicago, quien jugó un papel importante en la multitudinaria manifestación de esa ciudad.

Estos locutores decidieron ofrecer sus *talk shows* a los organizadores de las marchas, líderes comunitarios y defensores de los derechos humanos, para que durante horas expusieran las razones por las cuales era importante asistir a manifestarse. Luego, todos empezaron a invitar a la gente a las marchas durante mañana, tarde y noche.

«Les dije que era muy importante manifestarse y dar una buena imagen, que llevaran una bolsa de plástico para levantar basura; que llevaran banderas de Estados Unidos porque es la casa donde queremos vivir y tenemos que demostrar a los vecinos que no creen en nosotros, que amamos este lugar y lo respetamos», dice en entrevista Eddie Sotelo Montes, El Piolín, líder de los programas en español.

Eddie inicia su programa, que se transmite a nivel nacional, a las cuatro de la mañana, y empieza cada transmisión con una pregunta retórica: «¿A qué venimos a Estados Unidos? ¡A triunfar!»

Originario de Ocotlán, Jalisco, El Piolín llegó a este país en 1986, luego de cruzar la frontera metido en un maletero de coche con otras dos personas: «Estuve a punto de perder la vida por falta de oxígeno. Mi primer trabajo fue recolectar botes para venderlos en reciclaje y así obtener dinero para comer. Me corrieron dos veces porque no tenía documentos. Me sentía muy mal y le pedí a Dios que me diera una oportunidad de trabajar en la radio para poder ayudar a la gente.»

Eddie empezó en 1991 en la radio y después de 15 años se ha convertido en uno de los más famosos locutores: «La gente se identifica conmigo. Les dije que al ir a la manifestación usaran camisetas blancas; eso significaba que cada uno no iba representando a nadie, sino solamente a su persona. No esperábamos esta reacción masiva. Esperábamos que fuera mucha gente, pero no más de 1 millón de personas. Fue algo increíble. Me temblaban las patillas, pero las del cabello. Fue muy emocionante.»

Dice que ha descubierto su poder de convocatoria y le da miedo: «Es mucha responsabilidad. Hay que tener mucho cuidado. Si antes pensaba tres veces lo que iba a decir, ahora tengo que pensarlo diez. Hay que seguir luchando porque esta ley es inhumana. Nosotros no somos criminales.»

Los locutores transmitieron el mensaje de «no violencia» y las marchas han transcurrido sin disturbios. «El éxito se debe al trabajo de muchas personas que han marchado desde hace muchos años. Ahora yo soy legal en este país gracias a que mucha gente marchó antes que yo. Es el trabajo de muchos. También se unieron las televisiones. Y ahorita nos siguen hasta los medios en inglés. Hay que recordar que estamos en un país donde hay personas que no están de acuerdo en que estemos viviendo aquí.»

Y es que existen locutores estadounidenses de radio y televisión cuyos programas registran altos niveles de audiencia gracias a sus posiciones antiinmigrantes, como el conductor Lou Dobbs, de la CNN; Roger Hedgecock, de la radio de San Diego; John y Ken, de la DFI de Los Ángeles; Bruce Jacobs, de la KFYI de Phoenix; Michael Smerconish, de la WPHT de Filadelfia; Melanie Morgan, de la KSFO de San Francisco; Blanquita Cullum, de Radio America; Mike Siegel, de KTTH de Seattle, y el locutor de radio y televisión Michael Savage, entre otros.

## Una sola estrategia

«Ha sido tanto el insulto, tanta la humillación, que el pueblo ha ido poco a poco formando una conciencia —comenta Araujo, que lleva más de veinte años de líder comunitario—. Cuando teníamos un solo líder el problema era que, si se peleaban, se venía todo abajo. Ahora existen los líderes profesionales, que reciben un sueldo y trabajan ocho horas diarias, pero actualmente hay una efervescencia de liderazgo nuevo con tantos líderes del pueblo inmigrante, que es algo nunca visto».

Añade: «El pueblo mexicano se ha visto demasiado acorralado y ha tomado la decisión de defenderse. Se habla de los inmigrantes, pero los que estamos jalando todo el peso de la responsabilidad somos los mexicanos. Nosotros estamos impulsando las movilizaciones a nivel nacional.»

El Centro Azteca, junto con decenas de asociaciones pro inmigrantes, organizaron los distintos viajes para asistir a las marchas, tanto a la de Los Ángeles como a las de San José o Las Vegas: «En Los Ángeles llegaron los autobuses alquilados y las caravanas de coches y camionetas desde las cuatro y cinco de la mañana. La gente del norte de California tenía que ponerse en la esquina de Olympic y Hill; luego vinieron decenas de autobuses con gente de Las Vegas, Oregon, Arizona, Wyoming, Colorado. Ya para las diez había 26 cuadras llenas de gente. Fue algo histórico.»

Añade: «Lo más importante es lo que ha pasado después de la marcha de Los Ángeles, las manifestaciones en las demás ciudades. El miedo que les ha dado a los políticos es que Chicago queda en el otro extremo del país y las movilizaciones han dado la vuelta.»

Hubo marchas en Dallas, Houston, Phoenix, Detroit, Georgia, Denver, San Francisco, San José, Fresno, Sacramento: «Lo hemos logrado. Estoy seguro de que vamos a triunfar y vamos a conseguir licencias y legalización para todos», concluye Araujo.

Moisés Torres, miembro de 67 años de la agrupación «Ángeles de la Frontera», ha combatido las proposiciones de leyes antiinmigrantes desde hace 35 años y actualmente se dedica a luchar contra los cazainmigrantes que operan en la frontera. Desde que llegó, en 1949, empezó a formar grupos comunitarios en California y Chicago. «La gente sólo espera que la empujen un poquito. Luego luego se les despierta la inquietud. En nuestros grupos hay obreros, empresarios, comerciantes, campesinos. Muchos de ellos no tienen papeles, pero no por eso son criminales. Aquí luchamos todos: ciudadanos, con documentos y sin papeles.»

Torres vivió la legalización de los 2.8 millones de indocumentados en 1987, durante el gobierno de Ronald Reagan; por eso cree que esta vez también es posible conseguir una amnistía. En las últimas seis semanas ha organizado el traslado de gente para asistir a las diversas marchas contratando autobuses y guiando a la gente en caravanas. «Esto no va a parar. Ahora están saliendo los estudiantes. Se demostró que la fuerza laboral legal o ilegal es necesaria para este país. ¿Se imagina a tanta gente que se hiciera invisible un día? Los negocios, el gobierno, las empresas se vendrían abajo. Aquí todo el mundo gana con los inmigrantes. Francamente en Los Ángeles no esperábamos tanta gente porque faltó organización, pero nos sorprendió lo bien que salió. ¡Imagínese si nos organizamos mejor!»

Bajo la intensa lluvia, de mañana y noche, José Sandoval, líder del grupo Voluntarios de la Comunidad, asociado al MICA (Movimiento de Inmigrantes), ha participado en todas las manifestaciones del área de la bahía de San Francisco junto con miles de personas: «Hemos tapizado las calles aquí y en San José, donde hubo más de 30 000 personas. La policía nos dijo que es la primera vez que se moviliza tanta gente.»

Sandoval estuvo el 6 y el 7 de marzo con otros 300 líderes comunitarios en el Senado, donde expusieron su rechazo a las leyes antiinmigrantes: «Les dejamos testimonios de carne y hueso a los 100 senadores. Les hablamos sobre los problemas de la inmigración, sobre todo la destrucción de las familias por la separación de sus seres queridos. La reunificación familiar es necesaria.»

Después de doce años trabajando a favor de los inmigrantes, Sandoval organiza semanalmente charlas sobre derechos humanos para que la gente tome «conciencia legislativa» y sepa quién es su representante en el Senado, su alcalde o su representante en su distrito, para que les exijan soluciones. Hace unas semanas preparó «pláticas» con locutores y empleados de la radio para sensibilizarlos: «Nuestra comunidad no lee, ésa es la realidad; entonces aquí han tenido mucho que ver la tele y la radio. En esa reunión estuvieron tres cadenas grandes: Univisión Radio, Plus Chanel y "La Raza". Nos escucharon y empezaron a difundir la cita para las marchas. Fue a través de ellos como llegó la voz a millones de personas que salieron a decir "no" a la injusticia.»

Pero aclara: «Los locutores no son los que organizaron; ellos difundieron y la gente fue la que se organizó. Que nadie se ponga el mérito; fuimos la comunidad que salió siguiendo la voz de muchos líderes a través de los medios de comunicación.»

Coincide con otros líderes en que esto es sólo el principio de la lucha: «La gente se está yendo con la idea de que ya la hicimos, pero no es así. Esto apenas empieza. El proyecto de ley tiene un largo camino en el Congreso y el Senado; incluso hay abogados que nos dicen que es mejor que se tome una decisión el año que entra. Tienen miedo al voto. Nuestra consigna sigue siendo "Hoy luchamos, mañana votamos". Eso, la gente lo entiende muchísimo. Tenemos que seguir concientizando. Y les repito: "Reflexión más acción, igual a la solución."»

El programa Day Labor, que aglutina a cientos de trabajadores que se paran en las esquinas del Consejo Nacional de La Raza está dirigido por René Saucedo y Nelson Alvarenga: «Hemos demostrado que sí hay respuesta, que sí nos hacemos sentir. Ya no somos "la minoría", como nos llaman los señores de Washington. Ya se dieron cuenta de que, si ellos no conducen a un camino donde se nos dé lo justo, pueden llegar a tener problemas», dice Alvarenga, que comunicó a los jornaleros las citas para que acudieran a las marchas.

Añade: «El mérito es de la misma gente que se movilizó. Todo esto está alejado de especialistas o expertos en la materia. Nadie previó que esto fuera tan grande, ni que llegara a donde está llegando. Esta ley injusta ha provocado el despertar de nosotros, pero los políticos también han abierto los ojos y se han dado cuenta de que el país no es únicamente de ellos. Ellos también son inmigrantes, como nosotros.»

Juan José Gutiérrez, dirigente del Movimiento Latino USA, lleva 48 años luchando por los derechos de los inmigrantes: «Son pasiones que le nacen a uno —dice al finalizar una reunión para la organización de nuevas marchas y vigilias—. Me comprometí con nuestro pueblo. Afortunadamente tengo conciencia de lo que soy. Aunque soy mexicano de acá, de este lado, siempre me he sentido mexicano.»

Fundado en 1968 con Bert Corona, el movimiento cobró personalidad propia en 1997: «El movimiento aún no avanza hasta el punto de que sintamos la necesidad de centralizar la dirección. Todavía no emerge un líder nacional y va a ser muy difícil porque estos grupos tienen una larga tradición de lucha. Somos una docena de líderes los que constituimos el cerebro de la estrategia, que está comenzando a dar sus frutos con unidad y trabajo comunitario.»

Gutiérrez asegura que por fin «el pueblo se decidió a ser protagonista de su propia historia», pero advierte que éste no es un movimiento espontáneo. Recuerda cómo se inició en 1968 con las movilizaciones chicanas en Los Ángeles y luego cómo se organizaron las grandes movilizaciones de 1994, año de la proposición antiinmigrante 187. Posteriormente participó en la primera gran marcha latina en Washington el 12 de octubre de 1996 y organizó, junto con otros compañeros, un paro general el 12 de diciembre, día de la Virgen de Guadalupe, hace dos años.

Las organizaciones sindicales y proinmigrantes están preparando el Gran Paro Nacional del primero de mayo, pero antes celebrarán una reunión de «liderato nacional latino» el próximo 8 de abril, para ultimar detalles de la logística que se utilizará en el paro.

«La lucha también se debe globalizar. De aquí están mandando cuantiosas remesas que ayudan a mantener a flote economías como las de México, El Salvador, Haití, Santo Domingo, Ecuador, Honduras o Nicaragua.»

La Organización Internacional del Trabajo (OIT) prevé que en los próximos años América Latina recibirá alrededor de

300 000 millones de dólares en remesas de los inmigrantes, el 80 por ciento de las cuales se concentrarán en México. El cambio de actitud en el Senado, según Gutiérrez, tiene que ver con lo que estos datos y las movilizaciones recientes significan: «No cabe la menor duda. Hemos cambiado la dinámica. De no haber sido por las grandes movilizaciones estamos seguros de que ni siquiera se hablaría de una remota legalización. No somos ilegales, no somos cosas. Esto sigue, y tenemos que dar golpes estratégicos.»

Explica que ese «golpe» debe cristalizarse en «el paro»: «Queremos que todos los sectores participen, porque se trata no solamente de no ir a trabajar ese día, sino de no consumir alimentos, productos como gasolina o ropa. Simplemente no vamos a comprar nada, ni a salir de casa hasta la tarde para reconocernos en nuestro poder, que habíamos mantenido oculto por tanto tiempo. Esto no es coyuntural; esto ya no se detendrá hasta que los inmigrantes indocumentados logremos la legalización permanente. Nosotros no vamos a aceptar ser los "esclavos modernos" de la sociedad estadounidense. Ahora vamos por la grande; es a nivel nacional. Ya estuvo bueno de que se nos trate como menos que seres humanos.»

En las marchas participan una gran cantidad de ciudadanos estadounidenses de origen mexicano, como Juan Carlos Prado, líder de la Asociación de Jardineros BAGA: «Por muchos años nos ha faltado la unidad. Estas manifestaciones demuestran que nuestra comunidad ya se está organizando y uniendo. No importa el tipo de organización en que estemos, sino que luchemos todos juntos por una causa.»

De 32 años, hijo de padres michoacanos, Prado convocó a sus decenas de asociados a participar en las marchas a través del teléfono, y está convencido de que el futuro está lleno de retos: «Se está viendo el cambio. Ya está comenzando a surgir una conciencia cívica. Lamentablemente nuestra comunidad reacciona a temas políticos sólo cuando éstos llegan a su punto crítico. No hemos llegado aún al punto de organización como comunidad latina que logre una planeación y se adelante a los acontecimientos».

## El poder corporativo

El nuevo movimiento de inmigrantes hispanos resulta incómodo para una parte del sector empresarial y político del país, acostumbrada a mantener sometidos, explotados y calladitos a los latinos.

El republicanismo, encabezado por el presidente George Bush, se ha mostrado en contra de una amnistía que beneficie a los más de 12 millones de indocumentados. Desde hace más de cinco años, el ejecutivo no ha hecho otra cosa que fomentar el sistema de explotación económica de los latinos.

Las principales medidas impulsadas por Bush en torno a la inmigración condenan a los trabajadores hispanos a convertirse en ciudadanos «de segunda clase» frente a los estadounidenses. Sectores aún más reaccionarios del republicanismo impulsan incluso, a lo largo y ancho del país, medidas insólitas contra los inmigrantes para retirarles la asistencia pública o el derecho a caminar por la calle.

Pero las últimas manifestaciones multitudinarias de hispanos no sólo han sorprendido a los republicanos, sino que los han asustado. Bush y sus aliados creían que iban a hacer pasar sin problemas su polémica propuesta republicana Sensenbrenner, que pretende la criminalización de los inmigrantes y la construcción de un muro en la frontera. Ante el rechazo mayoritario de los demócratas a esta ley inhumana y las expresiones cívicas en contra, el ejecutivo estadounidense tenía preparada como «plan B» su propuesta de Reforma Integral, que no es otra cosa que un sistema disfrazado de «trabajadores temporales», que beneficia particularmente a Estados Unidos.

Las marchas de los hispanos fueron como un jarro de agua fría lanzado a la cara de los republicanos. El despertar del «gigante dormido» ha sido contundente y decisivo, tanto que gracias a esa nueva acción cívica mayoritaria los representantes del pueblo en el Senado y en la cámara baja están escuchando por primera vez el mensaje de los hispanos.

Hay forcejeos en ambas cámaras para lograr una verdadera reforma migratoria, como la impulsada por el senador Edward Kennedy, que va más allá de la propuesta camuflada del republicano John Mckay.

Kennedy ha sido el único político de altura que se ha manifestado junto a los hispanos en Washington y ha pronunciado un encendido discurso a favor de la legalización para todos, bajo la consigna en español de «Sí se puede».

Más allá del terreno político, donde hoy se libra una lucha sin cuartel, también la hay en el terreno empresarial. Los patrones están espantados de que pudiera repetirse el éxito del Día sin inmigrantes del 1 de mayo, con su paro nacional, boicot generalizado y multitudinarias marchas por todo el país.

Una parte del poder económico se confabuló para intentar disminuir el efecto financiero de esta importante medida, prohibiendo o desconvocando el paro nacional.

Tal es el caso de la cadena de radio y televisión Univisión, que según algunos medios de comunicación ordenó a sus locutores más importantes dejar de promover el paro nacional porque así lo exigían los anunciantes.

Convertidos en héroes por importantes medios de comunicación estadounidenses como *The New York Times* o *Los Angeles Times*, locutores como Eddie Sotelo, El Piolín, Renán Almendárez, El Cucuy, o Ricardo Sánchez, El Mandril, se convirtieron en villanos de esta historia y se les acabó su minuto de gloria.

A esta traición se unen locutores que piden que se asesine a inmigrantes indocumentados, como Brian James, de Arizona, y Harold Turner, de Nueva Jersey, quienes siguen cometiendo el delito de apología del crimen ante la pasiva mirada de las autoridades, pidiendo a sus radioescuchas que asesinen a inmigrantes hispanos.

Los esquiroles no sólo son estadounidenses; también abundan entre los líderes hispanos. Jaime Contreras, que representa a una de las miles de agrupaciones o asociaciones nacionales de migrantes, ha hecho mucho ruido en los medios de comunicación desconvocando el paro nacional. Él, como Gustavo Torres, representante de otro grupo, pretende no afectar los intereses económicos de Estados Unidos. La lista de estas personas aumenta con las empresas de una parte importante de los medios de comunicación estadounidenses en español que decidieron trabajar contra la huelga.

Las fuerzas reaccionarias que quieren detener a los inmigrantes se unen. Muchos trabajadores han sufrido despidos, persecución, quema de sus negocios y hasta la muerte por asistir a las marchas. Pero los inmigrantes han alzado su voz y nada los callará. Han descubierto que su fuerza está en la unión y en la calle; que su objetivo es demostrar que también ellos son seres humanos con derechos laborales como el de libre asociación, manifestación y huelga.

Gente como el alcalde de Los Ángeles, Antonio Villarraigosa, que ha recibido en las últimas semanas una serie de amenazas de muerte para que deje de defender a los inmigrantes hispanos, o como el líder de la Hermandad Méxicoestadounidense Nativo López, que preside la Mexican American Political Association (MAPA), al que también han llegado estas amenazas. «Llegó la hora de que se callen», le han dicho vía telefónica para amedrentarlo. También han amenazado a Javier Rodríguez, portavoz de la Coalición 25 de Mayo.

Seguramente las amenazas se extienden como una amplia mancha de complicidades entrelazadas de gente interesada en que las cosas no cambien a favor de los más afectados. Y está claro que las amenazas alcanzan también a miles de inmigrantes anónimos que sufren diariamente la impertinencia de patrones que los consideran menos que personas.

El objetivo de un «paro nacional», o mejor dicho, de «un día sin inmigrantes», era precisamente hacer sentir de manera económica, social y política el impacto de la ausencia de quienes no hacen otra cosa que reclamar sus legítimos derechos como seres humanos. Los inmigrantes también tienen derecho a la huelga.

Pero surgieron «líderes morales» que señalaban el camino a seguir y pedían a los migrantes que no secundaran el paro y acudieran a trabajar. Con el poder de convocatoria representado por la Iglesia católica de Estados Unidos, sostenida por la presencia de los hispanos, el cardenal Roger Mahony, de Los

Ángeles —un hombre fuertemente cuestionado por haber apoyado a decenas de sacerdotes pederastas—, impugnó el paro y convocó a los trabajadores a que no lo secundaran. ¿Qué calidad moral puede tener un arzobispo que hoy en día se sigue negando a entregar los expedientes de los sacerdotes acusados de abusos sexuales de menores en más de 550 denuncias?

Los intereses de estos líderes religiosos o políticos, como el presidente Vicente Fox, están seriamente cuestionados. El gobierno de México, a través de su secretario de Relaciones Exteriores, Luis Ernesto Derbez, dijo que no se iba a sumar al boicot del próximo 1 de mayo. El presidente mexicano se apresuró a ordenar a las 46 representaciones consulares a que acudieran a trabajar como cualquier otro día normal.

La simbología de estas decisiones es clara: se pretendía influir en los compatriotas. Pero ¿qué calidad moral puede tener el gobierno de México para decirles a sus connacionales que radican en Estados Unidos lo que deben hacer? Precisamente los paisanos han dejado el país por la falta de oportunidades de empleo bien remunerado, la falta de equidad en la distribución de la riqueza y el enriquecimiento desmedido de las clases dirigentes y empresariales, que mantienen el salario mínimo en cuatro dólares al día.

«YO SOY DE DONDE COMEN MIS HIJOS»

Cuenta el cantante Joan Manuel Serrat que viviendo en Cataluña en una ocasión le preguntó a su madre: «¿Usted de dónde se siente, de Aragón o de Cataluña?» Ella contestó escuetamente: «¡Ay, hijo!, yo soy de donde comen mis hijos.»

El concepto de patria para una parte de los inmigrantes es confuso. Para muchos su país de nacimiento es su única patria; para otros tantos, su nación es donde obtienen trabajo y bienestar. La mayoría de ellos, pues, dividen sus corazones y se sienten ciudadanos de ambos países.

Un claro ejemplo de este sentimiento binacional son los miles de banderas estadounidenses e hispanas que los millones de manifestantes portaron durante las multitudinarias marchas.

Esas manifestaciones significaron auténticas jornadas históricas. El 1 de mayo las calles de San Francisco cambiaron su habitual orden y silencio por el estruendo de miles de manifestantes que decidieron salir para exigir una reforma migratoria justa y la legalización de 12 millones de indocumentados.

Desde las ocho de la mañana miles de personas fueron llegando a la Plaza Justin Herman, en el Embarcadero, para ocupar la céntrica calle Market y marchar hasta el Ayuntamiento, donde se celebró un *rally* por la dignidad y el respeto a los derechos de los inmigrantes.

Tiendas, fábricas, restaurantes y compañías fueron cerrados a falta de mano de obra, mientras que el barrio hispano de la Misión lucía desierto luego de que 95 por ciento de los negocios decidieron solidarizarse y apoyar el boicot nacional convocado por las organizaciones sindicales y cívicas que convirtieron el 1 de mayo en «Un día sin inmigrantes».

Durante todas las jornadas se repitió una frase que hispanos y estadounidenses coreaban unánimes en español : «¡Sí se puede!», desde el senador demócrata Edward Kennedy, que enfrente del Capitolio la pronunciaba en su rudimentario español, hasta los miles de manifestantes que encontraron en esa frase la fuerza, el motor para exigir un alto a la explotación, al racismo o a la humillación que padecen millones de inmigrantes en Estados Unidos.

Los hispanos quisieron demostrar la importancia que su mano de obra tiene para la economía: «Los primeros que cruzan fronteras ilegalmente son George Bush, Condolezza Rice, Dick Cheney y Donald Rumsfeld. Ellos han invadido Irak», dice el mexicano Ricardo Robles, quien portaba una pancarta con una lista de las invasiones de Estados Unidos en el mundo desde 1890 hasta 2003 y con las fotografías del actual gabinete del gobierno bajo el lema: «Se buscan por traspasar ilegalmente las fronteras».

Al lema principal de la marcha, «Hoy marchamos, mañana votamos», se unieron otros como «Unidos estamos, unidos nos quedamos», que mostraba un mapa de México y Estados Unidos impreso en miles de camisetas blancas con la leyenda en la parte de atrás: «Un día sin inmigrantes».

Las marchas se sucedieron en toda el área de la bahía de San Francisco. En San Rafael y Santa Rosa empezaron a las 10 de la mañana, mientras que en Berkeley se iniciaron después de las 12, encabezadas por estudiantes. En San José, una de las ciudades con más de 80 por ciento de hispanos, marcharon a las 3 de la tarde, mientras que en Oakland, Richmond y San Pablo se iniciaron a las 9 de la mañana.

El alcalde de East Palo Alto, Rubén Abrica, de origen mexicano, encabezaba la multitudinaria manifestación de San Francisco, una de las más grandes de la historia moderna: «Queremos que el gobierno federal entienda que ningún ser humano es ilegal. Nos oponemos rotundamente a la HR 4437 o a cualquier medida que criminalice a las familias inmigrantes, a sus niños y jóvenes, a sus adultos y ancianos.»

Las pancartas fueron elocuentes: «Con nuestras manos ilegales se hace el pan que pones en tu mesa», «Yo ayudo a los inmigrantes. ¡Arréstenme!», «Para invadir Irak no se necesitaban visas» o «Somos seres humanos y si hoy nos sacan, mañana nos regresamos».

Vestidos de blanco, con banderas estadounidenses o de El Salvador, México, Costa Rica, Brasil o España, familias enteras se dieron cita en las marchas: «Éste es un nuevo movimiento de los derechos civiles en la historia de Estados Unidos —dice Medea Benjamín, directora de Global Exchange y oradora frente al capitolio de la ciudad—. La ley Sensenbrenner está muerta. Lo que tenemos que hacer es seguir con la presión, porque en noviembre hay elecciones y están muy preocupados por el voto hispano. La realidad es que este movimiento ha cambiado la historia del país.»

Mexicanos ataviados con plumas y trajes indígenas amenizaron el recorrido de la manifestación. La mayoría de las escuelas primarias de los barrios hispanos ofrecían una imagen atípica, sin alumnos, debido a que los inmigrantes decidieron no enviar a sus hijos a los centros educativos con el objetivo de extender el boicot económico y social organizado.

Al llegar a la gran plaza que precede el edificio del Ayuntamiento, los manifestantes colocaron dos grandes fotos en el podio: «El movimiento hispano ya tiene dos mártires: Santos Reyes y Anthony Soltero», dijo el líder comunitario Miguel Araujo, director de la Organización Primero de Mayo (que aglutina a cientos de agrupaciones sociales, políticas y religiosas), en referencia al estudiante de Los Ángeles que se suicidó y al hispano condenado por portar una licencia de conducir falsa.

«El gigante despertó y ya no se va a dormir —advierte Araujo luego de bajar del escenario, donde ha dirigido un encendido discurso a los miles de manifestantes—. La lucha sigue y después viene la marcha nacional programada para el 19 de mayo en Washington. No vamos a parar hasta que se legalice a todos.»

Al grito de «Sí se puede», los inmigrantes coreaban consignas contra George Bush y el senador Sensenbrenner. Grandes empresas como la empacadora de carnes Tyson Foods o la Perdue Faros y Gallo Wines decidieron cerrar la mayor parte de sus plantas o accedieron a dar el día libre a sus trabajadores en señal de solidaridad.

La compañía de comida hispana más grande del país, Goya Foods, decidió paralizar a 300 camiones de entrega, y más de 5 millones de productos no llegaron a su destino. De esta manera la empresa contribuía a la causa de los inmigrantes: «Queremos que la comunidad latina y todos los inmigrantes sepan que nos unimos a ellos en este día histórico.»

De costa a costa, las marchas de los hispanos lograron que lo «invisible» se hiciera visible: falta de meseros en los restaurantes, calles sin barrenderos ni jardineros, escasez de jornaleros para la construcción, barrios hispanos desiertos o campos en California sin actividad productiva.

Mientras en Los Ángeles marchaban más de 1 millón de personas, en Chicago se congregaron 300 000. Miguel Araujo aseguró que las marchas multitudinarias se llevaron a cabo en más de 150 ciudades de todo el país: «El éxito es indiscutible y se ha demostrado lo que significamos para la economía y la sociedad de este país. Ojalá que en Washington tomen nota y reconozcan nuestra fuerza.»

## Intimidar, agredir, silenciar

Despidos, descuentos de salario, multas, agresiones, redadas policiacas o amenazas de muerte fueron algunas de las «tácticas» utilizadas por empresarios, grupos racistas y gobiernos locales, con el objetivo de intimidar a los inmigrantes para que no apoyaran el paro nacional del 1 de mayo.

La convocatoria del boicot general y la invitación a las marchas previstas para la celebración del Día del Trabajo movilizaron a los defensores de los derechos de los inmigrantes en Estados Unidos para denunciar los abusos contra los indocumentados.

La Coalición del Primero de Mayo, que incluye cientos de organizaciones comunitarias, asociaciones cívicas y grupos religiosos o sindicales, ha promovido el apoyo a las manifestaciones en radio, Internet, televisión o volantes callejeros.

«Voy a dejar de trabajar para ir a la manifestación a las 11 de la mañana, lo cual significa que no voy a ganar dinero ese día, pero no me importa —advierte Carlos Ulloa, quien trabaja en una empresa constructora en esta ciudad, con un salario de 20 dólares la hora—. Tiene uno que sacrificarse un poco para exigir nuestros derechos. Si no es ahora, ¿cuándo?»

Los jornaleros que buscan trabajo diariamente en las esquinas no tendrán mayores problemas, pero quienes son asalariados saben que se enfrentan al descuento de sueldo o incluso al despido: «No me importa; yo ya avisé que voy a ir —dice Carlos Gutiérrez mientras baja andamios frente a una casa en la avenida Portola—. Me voy a arriesgar a ver qué pasa. ¿Y sabe por qué? Porque ya estamos hartos de que nos quieran aplastar. Estamos cansados de trabajar sin derechos, sin seguridad social, sin ningún beneficio.»

Como consecuencia de las últimas multitudinarias marchas celebradas en varios estados del país, decenas de empleados fueron despedidos de restaurantes, hoteles u otras empresas: «Es que no es la manera de protestar —afirma la mexicana Claudia Moya, gerente del restaurante Ándale, ubicado en Palo Alto—. Aquí nadie ha dicho que va a faltar ese día; será porque no quieren perder dinero. No se les va a despedir, sólo a descontar su sueldo. Lo que no podemos hacer es cerrar.»

Sin embargo, otros empresarios hispanos han decidido solidarizarse con el paro nacional: «Muchos patrones entienden lo que está en juego y han apoyado el paro cerrando sus negocios, en lugar de amenazar a los empleados con quitarles su sueldo correspondiente a un día de trabajo o con multarlos o despedirlos», dice en entrevista Arnoldo García, líder de la Red Nacional pro Derechos de Inmigrantes y Refugiados, y organizador del paro y boicot nacional.

Añade: «No hemos hecho una encuesta nacional para saber cuánta gente ha resultado afectada, pero sí ha habido despidos injustificados, descuentos, multas. Aun así, la mayoría de los trabajadores han corrido riesgos. Es una manera de intimidar y tratar de mantener a nuestra fuerza laboral en una posición vulnerable. Los inmigrantes toman precauciones por temor a perder el trabajo. Y es razonable, pero no hay miedo de salir a la calle; eso se perdió. Habrá jornaleros que no han trabajado por días y no van a quedarse igual el 1 de mayo, porque la necesidad es muy grande.»

García considera que sólo los paros laborales pueden conseguir verdaderos cambios: «Hay muchos ejemplos históricos de huelgas que han logrado cambios estructurales en Estados Unidos, como la de los campesinos o la de las comunidades afroamericanas en Alabama contra el sistema de transporte público. Ése es el desafío.»

El hondureño Nahúm Guerrero trabaja descargando materiales de construcción a 11 dólares la hora, pero está decidido a faltar el 1 de mayo: «Tenemos que hacer sentir nuestra fuerza. Sólo así nos van a tomar en cuenta para una reforma que legalice a todos.»

Las organizaciones sindicales y cívicas han avisado que ayudarán a los inmigrantes que pierdan su trabajo por haber hecho huelga el 1 de mayo. «Lo bueno es que aquí hay mucha oferta laboral. Yo creo que sí se va a sentir el boicot. No sé cómo va a repercutir en supermercados como Wal Mart, negocios grandes a los que no les duele mucho lo que pierdan en un día, pero seguramente lo verán reflejado.»

El llamado para que los inmigrantes hagan un boicot comercial y no consuman nada ese día ha surtido efecto. «Yo ni siquiera voy a tomar el autobús ese día, mucho menos a comprar algo. Tiene que verse la importancia de nuestra contribución», dice Jesús Torres, mesero de un restaurante estadounidense originario de Guadalajara.

Estados Unidos tiene una de las economías más poderosas del mundo. Por eso García cree que el verdadero significado del paro y boicot nacional del 1 de mayo será «más político que económico»:

«Los inmigrantes gastan 200 000 millones de dólares al año. Si se divide en 365 días, estamos hablando de una cantidad muy grande. El gobierno puede prevenir el desastre que se le va a venir encima si no aplica una ley justa y equitativa para legalizar a todos. De otro modo, no podrán implementar medidas drásticas contra los inmigrantes sin causar un desastre económico y social en el país.»

El pasado 21 de abril, el secretario de Seguridad Nacional, Michael Chertoff, informó sobre los detalles del arresto de siete ejecutivos y 1 187trabajadores indocumentados de una empresa de artículos de embalaje en 26 estados del país.

Las redadas de la Patrulla Fronteriza se han incrementado en distintas ciudades del país: «La migra siempre hace operativos, pero aprovecha estas oportunidades para intensificar las redadas porque quieren entrar en el debate. El problema de la inmigración no se resuelve con redadas ni deportaciones», dice García.

Añade que en 2002, por cada nueve dólares que el gobierno gastaba en vigilancia policial migratoria, sólo invirtió uno para la realización de trámites migratorios: «El rezago es grandísimo.»

La persecución no sólo se registra a nivel policial: grupos racistas estadounidenses de extrema derecha han aprovechado para organizar contramanifestaciones el 1, 5 y 6 de mayo, y han alentado la agresión verbal o física contra los inmigrantes.

Desde hace un mes, las procuradurías federal y estatal de Arizona solicitaron a la Comisión Federal de Comunicaciones sancionar a la estación KFYI (550 de AM) por permitir que el locutor Brian James «invitara» a sus radioescuchas a asesinar a tiros a «inmigrantes ilegales».

James, conocido por su ideología xenófoba, pidió que los miembros de la Guardia Nacional que participen en los asesinatos de indocumentados reciban un bono de 100 dólares por cada ilegal que maten.

En similares términos se expresó el locutor Harold Turner en una estación de Nueva Jersey, al recomendar a la gente que golpeara a los indocumentados y guardara suficientes balas para asesinarlos: «Despacio, pero seguro, nos dirigimos a la solu-

ción que llevo años buscando: matar a los ilegales cuando cru-
cen a Estados Unidos. Cuando el hedor de sus cadáveres en
descomposición sea insportable, el resto se mantendrá alejado», dijo en una de sus emisiones racistas e impunes.

La organización Southern Poverty Law Center, que investiga las manifestaciones racistas de los grupos autodenominados «supremacistas blancos» de Estados Unidos, denunció en
un comunicado que Lain Lawless, del grupo Guardianes de la
Frontera, y Chris Simcox, del llamado Minuteman Project,
ambos líderes de los «cazainmigrantes», han difundido un
mensaje en el que invitan a sus miembros a utilizar la violencia
contra los indocumentados en 11 formas diferentes; por
ejemplo: «Robar el dinero a cualquier "ilegal", hacerlo sentir el
odio por ser una persona sin "estatus" y pegarle... usa tu ima-
ginación; sé creativo.»

La Liga Contra la Difamación (ADL) ha denunciado cómo
están aumentando los ataques de odio racista contra los inmigrantes. El líder del grupo Nación Aria, August Kreis, incluyó
en su página *web* un videojuego de presuntos «animales» para
iniciar la cacería contra «esos sucios mojados».


## EL VATICINIO

«¿Cómo hacer visible lo invisible? Desapareciéndolo», concluyó
el director de cine Sergio Arau cuando se planteó realizar su vi-
sionaria película *Un día sin mexicanos*. «Como creador, todo el
tiempo está uno tratando de hacer cosas que importen y de crear
un mundo mejor —dice en entrevista—. Ha sido una sorpresa
maravillosa estar tan cercanos a lo que está pasando ahora».

La película cuenta la historia de cómo un día desaparecen todos los trabajadores mexicanos y ofrece la visión desoladora de un país caótico como consecuencia de la importante aportación de los inmigrantes. De hecho, la filosofía del nuevo movimiento hispano se ha centrado en la consigna «Un día sin inmigrantes», una frase que es repetida en eslóganes, camisetas y pancartas.

Arau, cineasta, cantante y pintor mexicano, cuenta que cuando empezaron a hacer la película se plantearon como objetivo prioritario mostrar a los «no latinos» la importancia que tienen en su país los hispanos: «A la hora que la gente salía de los cines, lo hacía con el ánimo renovado, con el espíritu muy alto y con una revaloración de sí mismos. ¡Era tan bonito! Es algo que no habíamos pensado; me refiero a recordarnos a nosotros mismos lo "chingones" que somos, todo lo que aportamos a este país, la ética de trabajo que tenemos, los valores morales...»

Estrenada en 1996, primero como cortometraje, *Un día sin mexicanos* se convirtió en película en 1998. En aquel entonces se proyectaba en las universidades y en centros comunitarios: «Siempre soñábamos con que algo así pasara, que de repente *Un día sin mexicanos* se volviera realidad. De hecho, la Hermandad Mexicana hizo una marcha después de que salimos con el corto en 1998, pero fueron como cien personas. Nos imaginábamos que algo iba a pasar, pero no a dos años del estreno de la película.»

Arau critica el actual sistema migratorio de Estados Unidos: «Toda la economía se sustenta en pagar menos a los migrantes y no hacerse responsable de los ciudadanos, sino hacer negocio.»

El cineasta mexicano está preparando su segunda película sobre la inmigración en Estados Unidos. Ha grabado el desarrollo de las manifestaciones históricas: «Yo quiero ver qué van a hacer sin inmigrantes. La gente que tiene que levantar las cosechas, las empacadoras de carne, los restaurantes…»

Para Arau el envío de la Guardia Nacional a la frontera con México decretado por el presidente George Bush es una «declaración de guerra» que lamentablemente no resolverá el profundo problema de la inmigración: «Es algo que alienta a los racistas, a los cazainmigrantes o *minutemen,* pero es insostenible porque la mano de obra de Estados Unidos está basada en los inmigrantes. A veces pienso que si quieren cerrar la frontera, que la cierren, pero entonces tendrán que reestructurar toda la economía, cosa que no veo que estén dispuestos a hacer.»

Yareli Arizmendi, actriz y esposa de Arau, trabajó en el proyecto y en la concepción de la película, y fue a ella a quien se le ocurrió el título de la película, mientras que el escritor mexicano Sergio Guerrero trabajó junto con los dos en el guión: «La película aborda muchos aspectos del tema migratorio que actualmente se debaten.»

A Arau no le molesta ser identificado o encasillado como cineasta de los migrantes. Actualmente, además del documental sobre el «día sin mexicanos», está realizando una película sobre un mexicano que cruzó la frontera cuando tenía 10 años y hace poco fue alcalde de Bakersfield y cambió la vida de mucha gente: «Ésta sí sería más como una continuación de *Un día sin mexicanos.*»

El cineasta, que radica en Los Ángeles, considera que ya se puede hablar de un antes y un después de la primera multitudinaria marcha de los hispanos en esa ciudad, realizada el 25 de marzo: «Me sorprende que ahora haya gente que se quiera poner las medallas de este movimiento, como el presidente Vicente Fox, quien ha sido un elemento básico para que los mexicanos salgan de su país. El presidente dijo en una ocasión que México exportaba mano de obra, y yo digo que no, que México expulsa a sus ciudadanos.»

A pesar de todos los obstáculos que Arau observa en el tema de la reforma migratoria, el cineasta prevé un futuro mejor para los hispanos en Estados Unidos y para los 12 millones de indocumentados: «Van a tener que hacer una especie de amnistía, por lo menos para la mayoría que está aquí. Si nos sacan a todos, se quedan sin mano de obra.»

## EL *WALKOUT* DE LOS ESTUDIANTES

Convertido en un ícono de la cultura hispana en Estados Unidos, el actor, director y productor de cine Edward James Olmos encabeza una auténtica «cruzada» para reivindicar la historia, el presente y el futuro de los latinoamericanos que viven del otro lado de la frontera mexicana: «Somos más de 40 millones y seremos millones y millones más; nuestro poder crece y tendrán que aprender a conocernos mejor. En unos años, los hispanos vamos a dominar Estados Unidos.»

Así lo afirma en entrevista el actor que interpretó al teniente Martín Castillo en la famosa serie televisiva *Miami Vice*, (Corrupción en Miami), un actor que al mismo tiempo se define como «activista» y que cuenta con un historial de 50 películas y series de televisión, filmadas desde la perspectiva hispana: «No me importa para nada llevar la etiqueta de latino; me sien-

41

to orgulloso de portarla y colocar a los hispanos en lo más reconocido del mundo anglosajón. Incluso actualmente les estoy dando voz a los hispanos en el futuro espacial.»

Y es que Edward James Olmos, a sus 58 años, está recibiendo excelentes críticas sobre su película *Walkout*, estrenada en HBO y luego en los cines, que cuenta la historia de la contribución de los estudiantes latinos en Estados Unidos en 1968. El filme fue estrenado justo en el momento de las primeras manifestaciones de hispanos.

La película muestra las manifestaciones multitudinarias de estudiantes chicanos de las preparatorias del este de Los Ángeles en 1968. Los estudiantes exigían condiciones académicas igualitarias y que se terminara con la discriminación étnica: «Sucedió en el este de Los Ángeles, donde yo nací —cuenta Olmos—. Hubo una protesta de todos los estudiantes de preparatoria contra la policía, el alcalde y la educación de Estados Unidos. Fue una reivindicación increíble para intentar cambiar las condiciones de vida.»

Junto con el alcalde Antonio Villarraigosa, Olmos encabezó la marcha del 25 marzo en Los Ángeles para reivindicar los derechos de los inmigrantes, y se mostró esperanzado en que México y Estados Unidos encuentren una solución para los 12 millones de indocumentados.

Hollywood no ha proporcionado suficientes modelos positivos a los hispanos, que representan una fuerza social y económica en vertiginoso crecimiento; por tanto, Olmos lucha incansablemente para defender el presente y el futuro de los latinoamericanos que radican en Estados Unidos.

Y aunque la minoría hispana alcanza ya el 15 por ciento de la población del país, este grupo no obtiene ni cinco por ciento de los papeles en las películas producidas en la meca del cine internacional, y menos de tres por ciento en las series de televisión. Peor aún, sobre los actores latinos pesan los mismos clichés y estereotipos negativos de hace medio siglo.

«Mis colegas son Robert De Niro, Al Pacino y Dustin Hoffman, pero hasta la fecha estoy esperando oír que alguien llame a Hoffman el gran actor judío o a De Niro y a Al Pacino las grandes estrellas italoestadounidenses. Eso no sucede», se lamenta.

Antes de que Antonio Banderas o Salma Hayek triunfaran en Hollywood, Olmos ya personificaba al legendario teniente Martín Castillo en *Miami Vice*.

En la nueva serie televisiva de ciencia ficción *Battlestar Galactica*, que se transmite en Estados Unidos con subtítulos en español, Edward James Olmos interpreta el papel estelar del comandante William *Husker* Adama: «Si estoy actuando en esta serie, es para demostrar que también puede haber latinos en el espacio.»

Versátil y audaz en el terreno de la actuación, en sus treinta años de carrera artística Olmos ha representado los más diversos personajes, todos ellos unidos por la vertiente latina: Jess González en *American Family*, Rafael Trujillo en *En el tiempo de las mariposas*, Armando Acosta, en *El Juez*, Roberto Lozano en *La desaparición de García Lorca*, Stan Navarro en *Hollywood Confidencial*, Abraham Quintanilla en *Selena*, el capitán Salazar en *Dead Man's Walk*, El Gallo Morales en *Roosters*, Montoya Santana en *American Me*, y Jaime Escalante en *Stand and Deliver*.

Ganador de dos Globos de Oro, un Tony, un Emmy y una nominación al Oscar, el actor participó en la filmación en México de la película *Mazedo*, ópera prima de David Siqueiros que narra el autodescubrimiento y los retos que supone vivir con orígenes mixtos: «Es una película que a la gente le gustará porque se trata de una comedia de humor negro, un género que pega muy fuerte. Será una oportunidad, un espacio para expresar lo que sucede con los latinos.»

Olmos conoce los problemas que existen entre las dos clases de mexicanos, «los de allá y los de acá»: «El proceso del autodescubrimiento de las raíces mixtas nos ha entretenido durante muchas generaciones y nunca hemos podido entender de veras cómo trabajar a favor de ese descubrimiento. Por eso debemos hacer películas que nos ayuden a conocernos mejor como hispanos. Los mexicanos que estamos aquí en Estados Unidos y los que viven en México tenemos muchas cosas que nos unen y no lo sabemos bien».

De padres mexicanos, Olmos nació en Los Ángeles Este, donde estudió psicología en la California State Univesity. Entre curso y curso tomó una clase de drama y descubrió que tenía el don para actuar. En 1978 interpretó el papel de pachuco en la puesta en Los Ángeles de la obra de teatro *Zoot Suit*, un drama sobre la vida de los chicanos, que debido a su éxito se estrenó en Broadway.

Su siguiente papel fue el de Gregorio Cortez, un mexicano que vivía en la pobreza buscado por las autoridades tejanas. La película se transmitió por la televisión pública en español, sin subtítulos en inglés. «Hemos logrado mucho. Somos una cultura increíble.»

—Sin embargo —le objetamos—, como en la película *Mazedo*, para la segunda y tercera generación de hispanos en Estados Unidos es un choque descubrir sus propias raíces...

—Sí —responde—, especialmente viviendo en Estados Unidos, donde no se trata para nada la historia latinoamericana. No entienden nuestra historia porque no la conocen. Los estadounidenses sólo entiendan lo que ha pasado aquí por parte de los europeos. Como consecuencia, los hispanos que han crecido aquí o los de segunda o tercera generación no entendemos nuestras culturas y nuestras raíces, y eso es lo más importante que debemos conocer de nosotros mismos.

Agrega que lo que se enseña en la escuela es la historia de los últimos 380 años y el avance de la cultura europea: «En las escuelas de Estados Unidos no se aborda la historia de América Latina. No nos dan nada. En 12 años de enseñanza básica y media sólo tenemos menos de una hora de estudios de Mesoamérica. No hay nada, nada de Latinoamérica. Sólo nos cuentan la llegada de Colón y la conquista de los españoles.»

Indignado, Olmos explica que los problemas de racismo y rechazo a los inmigrantes hispanos por parte de los estadounidenses están centrados en la ignorancia: «Es una lástima que los estadounidenses no entiendan bien que nos comprenderíamos mejor como hemisferio total si nos conociéramos mejor. No tienen respeto por las otras culturas. Todos los héroes de este país son blancos; sólo hay uno de color: Martin Luther King, y los indígenas no cuentan. Eran 26 millones hace 400 años y quedan menos de 1 millón.»

*Mazedo* aborda la problemática de la propuesta antiinmigrante 187, que marginaba a los hispanos indocumentados que radicaban en California en 1994, un tema de vital actualidad ante el acoso que sufren los inmigrantes en Arizona, donde se aprobó la propuesta 200, que restringe los servicios y beneficios a quienes no tienen papeles: «Es una situación que seguimos viviendo. Ahora la proposición 200 en Arizona es peor que la 187; las cosas van de mal en peor.»

—¿A qué atribuye el auge antiinmigrante en algunos estados de este país, donde se están aprobando leyes que perjudican a los hispanos? ¿Por qué cree que han cobrado fuerza los llamados cazainmigrantes?

—Es algo que nos ha pegado muy fuerte y va a seguir pegándonos porque somos muchos y vamos a ser muchos más y eso no les gusta.

Para Olmos la migración de los hispanos hacia Estados Unidos es una cosa natural que forma parte de la cotidianidad de aquellos países y de éste: «Es como si la gente viviera en el desierto y necesitara agua: se van a ir a donde la consigan; por eso vienen para acá. En Latinoamérica se avanza, pero al mismo tiempo no hay bastante trabajo para que la gente sostenga a sus familias, y por eso los que hemos podido desarrollarnos aquí tenemos la responsabilidad de ayudar a nuestra gente y devolver un poco de lo que hemos ganado.»

Añade: «Lo malo para mí es que los gobiernos de Latinoamérica no han podido avanzar en la mejora de la economía y de las condiciones de vida de la gente. Lo más importante es la población, y si más y más gente sale de sus países, la región baja. Estamos creciendo en Estados Unidos, donde somos más de 40 millones, pero dentro de 20 años seremos millones y millones más. Y vamos a dominar Estados Unidos. Y como no nos conocen, se va a poner muy difícil la cosa.»

—¿Por miedo o por racismo?

—Por miedo, racismo y prejuicio. Todo junto.

—¿Cree que los actores hispanos en Estados Unidos siguen encajonados en los mismos tópicos?

—Está cambiando poco a poco y muy despacio. Cada vez somos más millones; estamos creciendo vertiginosamente con 250 000 personas que llegan al mes a Estados Unidos.

—Actualmente viven en Estados Unidos más de 40 millones de hispanos, pero sólo seis de ellos han ocupado las 400 nominaciones a los premios Oscar.

—No hemos podido entender bien que el negocio del cine está dominado por la economía, y la gente que está poniendo el dinero para hacer películas no son latinos. Tampoco las compañías productoras; no tenemos compañías latinas, ni indígenas. Por eso nuestras culturas sufren todo.

—En este contexto ¿cree que el mercado del espectáculo estadounidense ha proporcionado modelos positivos y oportunidades para los hispanos?

—No, desde hace más de 100 años no ha cambiado y lo que hemos visto es que no entienden bien lo que esta pasando.

Fundador hace nueve años del Festival Internacional de Cine Latino de Los Ángeles, un evento que sirve de escaparate en Estados Unidos para el cine hecho en español, el actor actualmente se dedica a la filmación de la película *Splinter*, dirigida por su hijo Michael D. Olmos.

Luego iniciará la filmación de la vida de Roy Benavides, el primer héroe estadounidense de origen hispano, nacido en 1935 en Texas, quien recibió una condecoración por su valiente participación en el rescate de soldados heridos y la recuperación de información durante la guerra de Vietnam. «Es una historia humana que también reivindica a nuestra gente.»

—Usted es un emblema para los hispanos en el mundo. ¿Qué ha sacrificado para no perder la dignidad y sus ideales?

—He sacrificado fama y riqueza para llegar a donde estoy, porque no vivo para ganar dinero, sino para seguir mis ideales. Hay que entender que la educación es lo que más desarrolla a la persona, la cultura, la comunidad y la sociedad. La educación no se le puede quitar a nadie, la dignidad te da la oportunidad de ser lo mejor en este mundo, y eso viene de parte de la educación. Hay que leer, leer y leer.

El actor se muestra contento por el volumen de remesas que los hispanos envían: «Hemos visto desde Latinoamérica la cantidad de gente que está mandado dinero a sus países de origen. Es mucho y ha crecido y va a seguir creciendo. Eso es bueno, pero la responsabilidad de venir acá y tener hijos, unos hijos que después no pueden educarse, es un gran problema que ahora necesitamos resolver».

A Olmos le gustan las películas que dejen mensajes que dignifiquen a los hispanos. Como embajador de UNICEF, ha reivindicado cambios que benefician a la niñez y dirige Lives in Hazard Education Project, un programa nacional que promueve la educación, fundado por el Departamento de Justicia de Estados Unidos.

Su causa social se une a la política, en la cual se ha destacado por su apoyo a los demócratas, siempre buscando mejorar las condiciones de vida de los hispanos: «Hay muchos más de 12 millones de hispanos ilegales. Y hay una doble moral de aceptar el trabajo de los inmigrantes y luego no darles papeles, porque la organización de las leyes estadounidenses hace las cosas a su manera. Hay millones de personas que quieren venir legalmente, y si empiezan a dejar a la gente entrar sin papeles y después les dan permiso de quedarse, todo el mundo va a querer venir también.»

*American Family,* una serie de televisión protagonizada por Edward James Olmos, dirigida por Gregory Nava y producida por Francis Ford Coppola, ofrece el retrato de una familia hispana en el devenir cotidiano.

Es una saga familiar en la que participan Raquel Welch y Kate del Castillo, y que reconstruye más de 50 años de vida que comienzan con un bautizo en un pequeño pueblo mexicano en 1915, desde que el padre del narrador llegó andando a Los Ángeles, hasta la actualidad: «Explica el porqué de los latinos en Estados Unidos.»

La serie ha ganado premios y el reconocimiento internacional, además de haber sido calificada como un paso importante en la percepción y aceptación de los latinos en la sociedad estadounidense: «Fue el primer retrato de lo nuestro que ha tocado la conciencia de toda la nación de Estados Unidos. Fue la primera vez que se hizo una serie dramática sobre una familia latina en toda la historia televisiva del país.»

—Allí interpreta usted el papel de Jess González, un hombre conservador, totalmente opuesto a usted, que reniega de sus raíces. ¿Es común entre los hispanos negar su propia cultura y país?

—Había una generación que vino en los años 40, totalmente indiferente al entendimiento. Las generaciones que crecieron aquí después cambiaron y se dieron a la tarea de entender mejor sus raíces. Los niños que crecieron aquí en los 60 cambiaron mucho, y nos encantaba ser chicanos.

—Raquel Welch, cuyo apellido es Tejada, hija de boliviano, ha reconocido que ella escondió en el clóset su parte latina para poder triunfar en Hollywood. ¿Es necesario hacer eso para poder tener éxito en Estados Unidos?

—No, en un tiempo creímos que era necesario, pero finalmente nos dimos cuenta de que no.

Hace cinco años Olmos emprendió el proyecto de una megaexposición titulada «Americanos: la vida latina en los Estados Unidos», una muestra que acaba de terminar de recorrer el país y que ahora el actor pretende llevar a México: «Quiero llevar la muestra a México para que los mexicanos de allá nos conozcan mejor y sepan lo que estamos haciendo de este lado. Quiero llevarla por todo el país y que se exponga en diferentes estados.»

Olmos decidió titular la exposición (que incluye un libro-catálogo y un documental) «Americanos» porque dice que «americanos somos todos»: «Muchas veces esta sociedad no nos ha visto como americanos, sino como extranjeros en este país; incluso algunos hispanos han dado por hecho que los americanos son los otros.»

Por eso, el ícono de los latinos en Hollywood está decidido a cambiar esta percepción: «Es necesario que cuando la gente vea la cara de Estados Unidos, vea nuestra imagen. Nosotros y nuestros hijos necesitan ver que somos parte integral e igual en esta sociedad.»


## LA LUCHA DE LOS ESTUDIANTES

Cientos de estudiantes decidieron apoyar el movimiento hispano. Muchos de ellos fueron castigados por dejar las aulas; a otros más se les prohibió incluso salir para manifestarse, aunque finalmente su presencia en esta lucha es fundamental.

Y es que los estudiantes hispanos indocumentados no pueden ir a las universidades; sólo algunos centros educativos de enseñanza superior lo permiten. La discriminación de los estudiantes hispanos en 1968 expuesta por Olmos en su película *Walkout* no se ha resuleto por completo.

María Vivanco, de 21 años, es estudiante de Ciencia Política y Estudios Latinoamericanos en la Universidad de San Francisco, California. Ella y otros ocho estudiantes decidieron iniciar una huelga de hambre en la explanada de la universidad a favor de la regularización de los 12 millones de inmigrantes indocumentados.

María es hija de inmigrantes mexicanos: ella de Oaxaca y él de Guanajuato. «Estamos muy orgullosos de nuestras raíces —dice—. Vamos a sacrificar nuestro cuerpo como una ofrenda a nuestros padres, que cruzaron a Estados Unidos y gracias a ese valor estamos donde estamos hoy.»

Ella quiere seguir desarrollando las enseñanzas de «resistencia y dignidad» que recibió de sus padres, y por eso ha decidido alzar la voz en contra de la discriminación que aún sufren los estudiantes hispanos: «Antes de la década de los 90 los jóvenes indocumentados podían ir a la universidad, pero como fue creciendo la población hispana, el gobierno implantó una ley federal que prohíbe a los indocumentados asistir a la universidad y obtener financiamiento para pagar la colegiatura.»

Añade: «Es muy triste saber que en este país existe tanta gente inteligente que viene de Latinoamérica y que no puede acceder a la educación superior simplemente por no tener papeles. Creemos que es un crimen que este gobierno criminalice a los jóvenes y les niegue derechos humanos como el de recibir educación.»

A través de las asociaciones de estudiantes a nivel nacional, los hispanos en las universidades se han dado cuenta de la importancia de participar en el movimiento de libertades civiles de este colectivo: «No es ninguna coincidencia que los jóvenes tengamos valor. Es simplemente lo que hemos aprendido de nuestros antepasados. Somos hijos de gente que pudo superar la colonización hace 500 años, y seguimos preservando nuestra cultura.»

Algunos centros educativos amenazaron a los estudiantes hispanos para que no acudieran a las marchas: «Esas amenazas sólo nos dan más valor para seguir adelante. Hay fuerzas que intentan parar el movimiento, esta revolución no violenta.»

Afirma que en la década de los 60, los hispanos tenían miedo de salir a la calle, pero lo han vencido: «La comunidad latina está perdiendo el miedo y se está uniendo.»

Nacida en Los Ángeles, María cuenta que su madre emigró a Estados Unidos en los 70, cuando tenía 16 años, y conoció al que ahora es su padre en Santa Mónica, California: «Mis padres fueron indocumentados muchos años. Lograron regularizarse gracias a la amnistía de 1986. Mi papá sigue siendo residente y mi madre decidió hacerse ciudadana por sus hijos.»

Su padre se resistía a tener el pasaporte estadounidense, pero luego de ver el movimiento hispano en las calles, cambió de opinión. «El problema de la inmigración rompe familias. El sistema migratorio de este país separa familias. Es muy triste que haya hijos nacidos aquí, que son estadounidenses, y que no puedan ayudar a sus padres a legalizarse.»

En Estados Unidos no existe el concepto legal de reunificación familiar: «Este país está creado y fundamentado en el racismo. Por eso no nos sorprendemos de que ahora estén atacando a los hispanos, igual que los irlandeses sufrieron en su momento.

Cuando nosotros ganemos la legalización, ¿quién seguirá? ¿La persecución será contra los musulmanes, contra los árabes?»

María está a punto de graduarse y cree que el mejor regalo que puede dar a cambio es participar en una huelga de hambre por su gente: «Lo que me dio valor para ir a la universidad fue ver el sacrificio y el sufrimiento de mis padres, especialmente de mi abuelita, que emigró aquí en 1985 y falleció tratando de conseguir su "sueño americano" y obtener sus papeles. Dos meses después de que falleció llegó su residencia.»

La abuela de María trabajaba limpiando casas, al igual que su madre. Son seis hermanos, y su padre es carnicero. Todos viven en un barrio pobre llamado El Pico, en Santa Mónica, California, y ella espera que obteniendo un título universitario ayudará a «salir de la pobreza» a su familia: «Acabo de solicitar el ingreso para estudiar la carrera de leyes. Quiero tener esa herramienta para luchar contra el gobierno y sacar adelante a mi gente».

María está consciente de que al incipiente movimiento hispano aún le falta mucho por recorrer. Y cree que la embestida contra quienes luchan por la dignidad será dura: «Vamos a sufrir mucho porque en una batalla se sufre mucho. Sabemos que va a haber muchas lágrimas, pero esperamos que no haya más muertes.»

Aun así, rinden homenaje al joven estudiante David Soltero, que se suicidó luego de ser amenazado con la expulsión por haber participado en las marchas de los inmigrantes.

María lleva 89 horas sin comer: «Ha sido muy difícil, una batalla contra el corazón y la mente. La mente pide comida y el corazón dice "Resiste". Finalmente nuestra comida ha sido la lucha de los inmigrantes.»

## FAMOSOS POR LA CAUSA

Son muchos los que han declarado públicamente su adhesión a la lucha de los inmigrantes. Ramón Gerard Antonio Estévez, mejor conocido por su nombre artístico, Martin Sheen, es uno de los actores de Hollywood que más han apoyado la causa de los inmigrantes hispanos.

El actor, que ha sido arrestado en 70 ocasiones por participar en protestas, se sumó a la marcha del 1 de mayo en Los Ángeles: «Estoy muy orgulloso de mis orígenes hispanos y de lo que esta gente está haciendo. Éste es un país de inmigrantes.»

Hijo de un inmigrante gallego nacido en Parderrubias, provincia de Pontevedra, y madre irlandesa, Sheen nació en Dayton en 1940. Su activismo social y su renovada fe católica surgieron después de superar una etapa de alcoholismo.

Como emblema del movimiento antibélico y la desobediencia civil, el actor es conocido por su apoyo a causas sociales como la defensa de los trabajadores inmigrantes o la protección del medio ambiente o los derechos humanos en Latinoamérica.

Protagonista en *Apocalipsis Now* y ganador de cuatro Grammys por su papel de presidente en la exitosa serie televisiva *The west wing* (El ala oeste de la Casa Blanca), es una de las figuras más destacadas del pequeño Hollywood progresista.

Si durante la guerra de Vietnam Jane Fonda asumió el liderazgo artístico contra la violencia bélica, en este momento Martin Sheen es el símbolo contra la guerra de Irak y la administración de George Bush. «Bush cree en el Dios vengativo que se ha manifestado en Irak. El punto de vista de los fundamentalistas realmente da miedo. Nosotros creemos en un Dios de amor humano», dice.

El actor viste de oscuro. Camina lentamente, encabezando una procesión fúnebre contra la Escuela de las Américas, en Fort Benning, Georgia, una institución que ha enseñado a miles de militares latinoamericanos a torturar y a matar; y carga con una pequeña cruz de madera blanca que lleva el nombre de un niño víctima de los militares de Guatemala egresados de esta escuela.

«Los latinoamericanos han padecido un sufrimiento insoportable durante tres o cuatro décadas. Hoy sabemos que ese sufrimiento que les hemos estado enviando tiene un nombre: Escuela de las Américas», señala mientras me toma del brazo.

Desde hace años el actor, protagonista en más de 40 películas, acude puntualmente a su cita para homenajear a las víctimas latinoamericanas de las pasadas dictaduras y los recientes atropellos de los militares egresados de la Escuela de las Américas, que después de 30 años sigue funcionando: «La razón de estar aquí hoy es para que ustedes no tengan que volver a oír ese nombre. Hemos asumido la responsabilidad de nuestra complicidad: ya nunca más», dice luego de pasar del inglés al español para repetir la frase: «No más, no más.»

Sheen, protagonista de la película *Wall Street*, interrumpe constantemente la entrevista para gritar en español «¡Presente!» cuando se dice por la megafonía el nombre de cada una de las víctimas: «Queremos que la gente de Centroamérica, de Latinoamérica, de México, sepa que estamos aquí, y que vamos a terminar con esta locura. Ojalá los latinoamericanos puedan perdonarnos por nuestra complicidad.»

Padre de los actores Charlie Sheen y Emilio Estévez, confiesa que vivió muchos años sin fe, hasta que en 1977, cuando filmaba *Apocalipsis ahora* en Filipinas, enfermó gravemente y estuvo a punto de morir. Incluso el 5 de marzo de ese año recibió la extremaunción de un sacerdote.

El actor, que encarna el papel del capitán Willard en la película, dirigida por Francis Ford Coppola, explica que estaba muy intrigado por el personaje: «Coppola me dijo: "Eres tú, Martin, eres tú."»

Sheen logró superar la enfermedad en Filipinas y poco a poco empezó a creer nuevamente en Dios, hasta que en 1981 fue a París, donde el director Terrence Malick, con el que hizo la película *Badlands*, empezó a guiarlo en términos filosóficos, teológicos y espirituales: «Un día me dio *Los hermanos Karamazov*, de Dostoievski. Ese libro cambió mi alma; fue derecho a mi corazón. Así volví al catolicismo en París, el 1 de mayo de 1981», dice, y recuerda que su encuentro en los años 90 con la madre Teresa de Calcuta también lo ayudó a renovar su condición de católico.

Desde entonces el actor se ha acercado a causas nobles, como la defensa de los trabajadores inmigrantes. Hace unos años fue arrestado por la policía cuando él y otros ocho practicantes de diferentes cultos encabezaban una manifestación de apoyo al Sindicato de Campesinos, que pretendía afiliar a 20 mil trabajadores de la fresa del área de Watsonville, California.

También ha sido detenido por traspasar las rejas de la Escuela de las Américas para exigir el cierre definitivo del controvertido plantel educativo. Sheen cree en el método de la desobediencia civil pacífica para conseguir cambios en el mundo: «No hay el menor indicio de que esta escuela respete los derechos humanos. No se puede aprender democracia a punta de pistola ni en un campo de adiestramiento militar.»

Añade: «La democracia se aprende en las calles de Estados Unidos, en sus instituciones, en la comunidad, en las iglesias, en los clubes sociales; se aprende de los jóvenes. Todo lo que reflejan nuestras comunidades es democracia, pero no se puede aprender democracia detrás de las alambradas.»

El actor presume de que lo han arrestado tantas veces como años tiene (64), y recuerda que una de las últimas veces fue por protestar contra la proliferación nuclear. Frente a su activismo social se encuentra su faceta de actor de Hollywood.

Irónicamente, Sheen encarna el papel de presidente de Estados Unidos en la serie de televisión *The west wing*, que ha logrado la cifra récord de 17 millones de espectadores en la cadena NBC.

La poderosa multinacional de la televisión le «sugirió» moderar su activismo político para no dañar las cifras de audiencia de la serie debido a su pacifismo, y añadió que el actor era demasiado «presidencial» para hacer declaraciones contra el presidente Bush. «Me dijeron que moderara el activismo y que se sentían muy incómodos con mi postura», dijo, y recordó que el equipo de la exitosa serie lo apoyaba al cien por ciento.

Y es que el presidente al que Sheen interpreta en la ficción se llama Josiah Bartlet y es un católico demócrata progresista, hombre de familia y marido fiel y, por supuesto, liberal en asuntos de derechos civiles.

Fuera de la ficción, Sheen encabeza la asociación Artists United: Win Without War (Artistas Unidos: Ganar sin Guerra), cuyo activismo no cesa después de año y medio de ocupación en Irak. Lo acompañan Tim Robbins, Meryl Streep, Martin Scorsese, Angelica Huston, Jessica Lange, Dustin Hoffman, Sean Penn, Oliver Stone y Susan Sarandon.

Sheen y sus compañeros pacifistas ponen en peligro sus carreras y han sufrido amenazas de muerte y acoso profesional por sus posturas antibélicas que en cierto sector del mundo de Hollywood se consideran «antipatrióticas».

«Tenemos por delante cuatro años más de Bush. El mundo va a seguir sufriéndolo de muchas maneras. Ahora, la misma gente tiene la Casa Blanca durante otros cuatro años. También controlan el Congreso y el Senado, y van a poder incorporar nuevos jueces a la Suprema Corte, así que ahora lo único que se interpone entre ellos y nosotros es un pequeño papel llamado Constitución.»

El actor protagoniza un anuncio en televisión contra la guerra de Irak, que cadenas de televisión como la Fox o la CNN se han negado a transmitir. «Las inspecciones funcionan; la guerra no», dice en el mensaje.

Durante la entrevista con Sheen se le acerca la gente para agradecerle su postura. Una franciscana le pregunta por el rosario que lleva en la mano y Sheen inmediatamente se lo regala «de todo corazón».

Advierte: «Ésta va a ser una lucha por los derechos civiles, por los derechos fundamentales reconocidos en la Constitución. Pienso que va a ser una larga batalla, y que todos nosotros vamos a estar involucrados. Ésta ya no es una lucha de la que cualquiera pueda quedarse al margen. Ya no existe la diferencia entre activistas y no activistas. Todos nosotros tenemos que tomar partido y actuar.»

Sheen no se considera capacitado para ocupar el puesto de presidente, pero reflexiona sobre el poder que ostenta el actual inquilino de la Casa Blanca: «El poder es para proteger la democracia. Si tienes el poder, tienes la responsabilidad. Los poderosos no sólo tienen que protegerse a sí mismos; al contrario, tienen que proteger a los débiles. Han recibido ese poder únicamente para proteger con él a los inocentes y a los débiles. La única legitimación de quienes tienen el poder viene de usarlo para proteger a quienes no lo tienen.»

## LA EMBESTIDA

El presidente George Bush ha respondido al activismo de los hispanos con el anuncio de la militarización de la frontera. Para muchos es la respuesta del republicanismo más conservador, y para otros es simplemente un efecto propagandístico ante las elecciones del mes de noviembre.

El presidente estadounidense se ha negado a conceder una «amnistía» a los inmigrantes indocumentados y ha decidido enviar a la frontera a 6 000 miembros de la Guardia Nacional. Es su manera de abordar su llamada «Reforma migratoria integral». «Una vez aquí, los inmigrantes ilegales viven a la sombra de nuestra sociedad —ha declarado—. Muchos usan documentos falsos para conseguir empleo y eso dificulta que los patrones puedan verificar que los trabajadores que contratan sean legales. La inmigración ilegal ejerce presión sobre las escuelas y los hospitales públicos, agota los presupuestos estatales y locales, y lleva la delincuencia a nuestras comunidades. Éstos son problemas reales.»

Bush dice que busca cinco objetivos claros: «Primero, Estados Unidos debe asegurar sus fronteras. Ésta es una responsabilidad básica de una nación soberana. También es un requisito urgente de nuestra seguridad nacional. Nuestro objetivo es directo: la frontera debe estar abierta al comercio y la inmigración legal, y cerrada a los inmigrantes ilegales, así como a los delincuentes, narcotraficantes y terroristas.»

A las pocas horas de pronunciar su discurso televisivo, las protestas contra la nueva medida se sucedían en las distintas ciudades. En San Francisco, frente al edificio federal, Enrique Méndez Flores, líder comunitario de Salinas, California, porta una pancarta contra la militarización: «No importa que lleguen soldados; los inmigrantes seguirán pasando. Nada los va a detener. ¿Y sabe por qué? Porque el hambre no tiene barreras.»

# 2. Radiografía del migrante

SON IMPRESCINDIBLES

La aportación de los inmigrantes hispanos a la economía de Estados Unidos supera los 200 000 millones de dólares anuales, y cualquier reforma que contemple la expulsión o contratación temporal de 12 millones de indocumentados alteraría sustancialmente el sistema productivo y financiero del país.

Estudiosos y organismos especializados en migración realizan las anteriores estimaciones y advierten del impacto negativo que la economía estadounidense registraría en caso de eliminarse la mano de obra «ilegal» que sustenta una parte de la estabilidad económica del país.

«Si desapareciera la aportación de los inmigrantes, provocaría un impacto enorme —dice en entrevista Edward Taylor, profesor de economía agrícola de la Universidad de California especializado en desarrollo económico, trabajo y mediciones macroeconómicas—. Sencillamente el sistema económico estadounidense que ahora conocemos cambiaría de manera drástica en prejuicio de todos.»

Y es que según un estudio del Pew Hispanic Research Center, se estima que los 12 millones de indocumentados realizan labores vitales para la economía del país: 24 por ciento se dedican al sector agrícola, 17 por ciento a tareas de limpieza, 27 por ciento a trabajos de carnicería, 14 por ciento a la construcción y 12 por ciento a la industria gastronómica.

En California —la cuarta potencia mundial en agricultura—, 91 por ciento de los trabajadores del campo son inmigrantes mexicanos, 80 por ciento de ellos ilegales: «Estamos hablando de colapsar el sistema, algo que a los legisladores no les conviene hacer —dice en entrevista Howard Rosenberg, profesor de la Universidad de Berkeley, especialista en legislación laboral, investigador de las condiciones de los trabajadores y autor del estudio *Who Works in California Farms?* (¿Quién trabaja en las granjas de California?)—. Lo mejor es hacer una legalización como se hizo en 1986. Bush no quiere hablar de amnistía, pero los inmigrantes no desean otro Programa Bracero como el que pretende el presidente».

## CAMPO Y CIUDAD

Desde almendras, pistachos y uvas hasta naranjas y zanahorias, la actividad agrícola de California abastece al país. En huertos, invernaderos y viñedos se emplean cerca de 450 000 trabajadores, el 91 por ciento de los cuales son mexicanos, según los estudios de Rosenberg, quien advierte que la producción se paralizaría con una legislación equivocada que penalice a los inmigrantes indocumentados: «Si no hay trabajadores, las tareas de cosecha se verán afectadas; pueden quedar campos sin sembrar o con plantas que no se cultiven en el momento preciso.»

El paro nacional del 1 de mayo puede tomarse como ejemplo de lo que puede pasar: «Dependerá de cuánta gente lo secunde y del impacto que la huelga produzca en la economía. Nadie puede negar que la contribución de los inmigrantes es fundamental. Incluso hay empleadores que están apoyando a sus trabajadores para que participen porque piensan que ha llegado el momento de solucionar el problema», agrega.

La fuerza productiva inmigrante cubre áreas donde falta mano de obra estadounidense y se concentra también en la construcción, hoteles, restaurantes, jardinería, industria de manufacturas o servicios: «Actualmente no se puede abrir un restaurante a menos que se disponga de una plantilla de inmigrantes que hagan las tareas de lavaplatos, cocineros y camareros», afirma John Gay, portavoz de la Asociación Nacional de Restaurantes y copresidente de la Coalición de Inmigración de Trabajadores Esenciales, dos organizaciones que promueven la regularización de los indocumentados.

Cuando a los inmigrantes sin papeles no se les permite trabajar, el alza de los precios repercute en el consumidor. Por ejemplo, en Arizona sólo se pudo recoger el 30 por ciento de la lechuga durante el último otoño debido a la falta de mano de obra ocasionada por las redadas de la Patrulla Fronteriza. Los agricultores calcularon las pérdidas en más de 1000 millones de dólares. Sólo en Yuma se perdieron 500 millones de dólares por falta de mano de obra que cosechara las lechugas.

La persecución y detención de los inmigrantes indocumentados ha provocado efectos negativos en otras zonas del país. La Federación de Agricultores de California afirmó que en el valle Imperial una parte de los cultivos de la temporada de invierno se pudrieron debido a la falta del 40 por ciento de la mano de obra. La misma situación ocurrió con los cultivos de frutas del valle Central y con la cosecha de uvas en el valle de San Joaquín.

En esas zonas se concentran las cosechas de verduras y algunas frutas. Por ejemplo, entre San Diego y Riverside se cultiva el 95 por ciento de la producción anual de aguacate del país: «Si uno va al valle Imperial, se da cuenta de que la mano de obra agrícola es mexicana —explica Taylor, autor de numerosos estudios sobre el sector laboral agrícola—. Muchos de los trabajadores sólo permanecen durante el día y regresan a México diariamente. El gobierno tiene dos opciones: dejar pasar a los trabajadores mexicanos para que laboren en el campo, reconociendo que hay una demanda y tiene que darles permisos, o decir que no, aun cuando ellos seguirán entrando de manera ilegal.»

Y es que el próspero negocio agrícola de California se enfrenta a una escasez del 60 por ciento de la mano de obra, debido al acoso policial contra los inmigrantes, quienes prefieren dejar el campo y desplazarse a las ciudades, donde les resulta más fácil vivir sin padecer redadas. El 90 por ciento de la cosecha de verduras este año está en riesgo: «Si se cierran posibilidades a los trabajadores agrícolas que cruzan la frontera, habrá pérdidas anuales de unos 9 000 millones de dólares», declaró Agustín Pérez, portavoz de la Federación Estadounidense de Agroindustriales.

El Current Population Survey (Sondeo de la Población Actual) afirma que de los 136.6 millones de trabajadores que hay en Estados Unidos, 5.8 millones son mexicanos y representan el 4.3 por ciento de la fuerza laboral total. Su ingreso promedio anual ronda los 21 000 dólares, mientras que otros grupos étnicos inmigrantes y los estadounidenses reciben un ingreso anual 62 por ciento mayor.

La importancia de la contribución hispana a la economía estadounidense es tan crucial, que en el sector agrícola líderes sindicales, empresarios y trabajadores están a favor de la propuesta de ley «Acta para el Empleo Agrícola, Beneficios, Oportunidades y Seguridad», una iniciativa también conocida como AgJOBS, que promueve la regularización de los indocumentados para que obtengan un estatus legal temporal, pero con el derecho a tramitar luego la residencia permanente o la ciudadanía.

En caso de aplicarse las leyes que actualmente impiden a los trabajadores ilegales permanecer en Estados Unidos, la producción agrícola del país se paralizaría. «Cualquier propuesta para legalizarlos tiene que incluir un cuidadoso balance, como ocurrió con la legalización para todos en 1986, cuando el escenario que se vivía era el mismo que ahora —dice Rosenberg—. En caso de que no lo hagan así, algunos anticipamos que habrá un *shock* en el sistema, que la industria agrícola se suspenderá y nos veremos seriamente afectados. Todos los que están involucrados en esa industria merecen consideración.»

Explica que la crisis de mano de obra que actualmente afecta al sector agrícola se debe al éxodo de trabajadores que prefieren trasladarse a áreas menos riesgosas ubicadas en la ciudad, donde se pagan salarios que van de 11 a 16 dólares la hora, mientras que en el campo se paga el salario mínimo de 6.75 la hora o incluso menos: «El trabajo sigue siendo duro y los sueldos no son altos. La agricultura estadounidense es operada por mexicanos. Hay una larga tradición que continúa entre los mexicanos que vienen a trabajar al campo estadounidense.»

Desde los años 70, cuando César Chávez luchó para mejorar las condiciones de los trabajadores agrícolas, la United Farm Workers of America (UFW) tenía 80 000 miembros, una cifra que ha ido disminuyendo hasta ubicarse en 27 000, aunque para otros el número apenas llega a los 8 000.

El problema, según Taylor, es la renovación de esa mano de obra: «La agricultura demanda la mano de obra barata y no muy capacitada. Los estadounidenses, e incluso los hijos de mexicanos que han trabajado en las zonas agrícolas, no quieren laborar en el campo. Esa mano de obra es reemplazada por mexicanos recién llegados.»

Añade: «En 1986 legalizamos básicamente a los trabajadores agrícolas, pero ahora el porcentaje ilegal de la mano de obra del campo es mayor que antes de la reforma de ese año. Y en la economía del país la demanda laboral es mucho mayor que la cantidad de permisos que el gobierno da. Cuando existe una situación como ésta, la fuerza de trabajo ilegal aumenta en todos los ámbitos.»

En Estados Unidos el desempleo ronda el 4.7 por ciento, lo que se traduce en 7 millones de desocupados. Para Rosenberg, el desplazamiento de mano de obra agrícola hacia la industria de la construcción o la de servicios ha provocado una competencia en el mercado laboral estadounidense y una disparidad entre el abastecimiento de mano de obra agrícola autorizada y el número real de trabajadores del campo que buscan empleo en otras áreas: «Hay una incertidumbre que resulta costosa para todos.»

El beneficio

California, Nueva York, Texas, Florida, Nuevo México, Arizona e Illinois son los estados con mayor número de hispanos, pero incluso en estados como Nevada su aportación es tan importante que asciende a casi 20 000 millones de dólares, con una fuerza laboral de 152 635 trabajadores hispanos, que representan el 16.5 por ciento del total, según un estudio realizado por el Centro sobre el Trabajo y el Desarrollo Comunitario. «En el año 2001, los inmigrantes hispanos trabajadores pagaron en Nevada cerca de 3 000 millones de dólares en impuestos estatales y federales», dice el texto.

El padre Phil Carolin, presidente de la organización Proyecto Ciudadano, va más allá: «Según la Asociación Estadounidense de Abogados de Inmigración, los inmigrantes ganan 240 000 millones de dólares al año y pagan 90 000 millones en impuestos, mientras que sólo reciben 5 000 millones en servicios sociales.»

En estados donde se han aprobado políticas que persiguen o perjudican socialmente a los indocumentados, como Arizona, los inmigrantes mexicanos, con o sin papeles, contribuirán con más de 800 millones de dólares en 2007, según un estudio de la Universidad Thunderbird, que revela que el poder adquisitivo de los mexicanos se elevará hasta 6 630 millones de dólares en ese estado. «Lo que nadie puede negar es que los indocumentados se han convertido en parte integral de la economía estatal», dijo el profesor Robert Grosse, director del estudio.

Según Benjamin Powell, del Instituto Independiente de Oakland, casi un tercio de los trabajadores de la industria del vestido son inmigrantes: «Recurrimos cada vez más al comercio internacional para asegurarnos nuestra vestimenta. Si no fuese por la inmigración, probablemente estaríamos importando aún más indumentaria. De manera similar, en ocupaciones que precisan mucha destreza, tales como la ingeniería en materia de programas informáticos, cuando a las empresas no se les permite traer inmigrantes a Estados Unidos, ellas le envían la tarea al trabajador.»

Y va más allá: «Cualquier reforma que obligue a estos trabajadores a salir de Estados Unidos de manera permanente o temporal alterará nuestra economía. Los empleadores y consumidores estadounidenses sufrirán tanto como los inmigrantes que sean deportados. Las reformas que deportan a los inmigrantes ilegales son desaconsejables por motivos tanto económicos como humanitarios y pragmáticos.»

El Slig Center for Economic Growth, de la Universidad de Georgia, reveló que el poder adquisitivo de los 41.3 millones de latinos que viven en Estados Unidos superó los 736 000 millones de dólares a finales del año pasado. La capacidad de compra de los hispanos experimentó un crecimiento del 413 por ciento frente a los afroamericanos o asiáticos.

La investigación reveló que los hispanos suelen gastar más que el resto de la población en comida, servicio telefónico, electrodomésticos, muebles, ropa y zapatos. «También invierten mucho en actividades como cenar en restaurantes, vivienda y gasolina o petróleo, y gastan lo mismo que los no hispanos en bebidas alcohólicas, gas natural, electricidad, transporte público y productos de cuidado personal.»

Mientras que otras poblaciones crecerán un 24.2 por ciento, la hispana aumentará hasta 118.9 por ciento en el periodo de 1990 a 2010, año en el que su poder adquisitivo constituirá el 9.2 por ciento de la capacidad de compra del país.

«Los ingresos de los hispanos crean demanda y productos —dice Taylor—. Sin mano de obra mexicana, la economía de California no podría funcionar, porque no estamos hablando sólo de la agricultura, sino de muchos sectores de la economía, como la construcción, que ha llegado a ser dominada por la mano de obra mexicana. Muchas manufacturas ligeras también dependen de los mexicanos, así como textiles y servicios como restaurantes, servicios domésticos y mantenimiento de jardines. Sin el apoyo de las mexicanas que cuidan a los niños, las madres capacitadas no podrían salir a trabajar. Hay una cadena de producción mexicana indispensable. Es como una cascada de beneficios.»

La deportación masiva es desaconsejable porque la participación de los hispanos en todas las vinculaciones que existen dentro del sistema económico estadounidense es fundamental: «El impacto sería multiplicador, varias veces mayor que simplemente el daño dentro de los sectores donde trabajan los hispanos.»

La Oficina del Censo de Estados Unidos calcula que hay 2 millones de empresas hispanas que facturan más de 200 000 millones de dólares. Según el Consejo Nacional de Población de México, el mercado de remesas de dinero de Estados Unidos representa 24.4 millones de dólares diarios en envíos. El año pasado los inmigrantes enviaron 46 000 millones de dólares a América Latina, y se calcula que esa cifra alcanzará los 300 000 millones para el año 2010.

«Están enviando menos del 10 por ciento de lo que ganan, y en la economía se supone que el trabajador recibe en sueldo algo parecido al valor que crea o produce. Así, el mínimo que los trabajadores están produciendo sería el sueldo, aunque en realidad están produciendo más. Por tanto estamos hablando de que la contribución de los inmigrantes a la economía ronda los 200 000 millones de dólares», afirma Taylor.

La deportación de los 12 millones de indocumentados provocaría un cambio en el sistema económico: «No habría un colapso, pero la economía tal como la conocemos ya no sería la misma. Los productos serían muchísimo más caros, y la participación de la mujer se vería afectada especialmente.»

Los salarios que se pagan a los estadounidenses son mayores; de ahí que Wall Street y la Reserva Federal hayan mostrado su inquietud por una posible subida de la inflación si el gobierno detiene el flujo migratorio hacia Estados Unidos.

La solución, según Taylor, es una reforma equilibrada que involucre a los dos países: «Lo que impulsa la migración de México a Estados Unidos son las redes de contactos con otros migrantes: familiares, amigos, vecinos. El crecimiento de las dos economías con variables a nivel macro sí tiene un efecto, pero no es tan grande como las redes. Cuanto más dinero invierte el gobierno estadounidense para impedir la migración, más grande es la población de indocumentados en Estados Unidos.»

## ¿Qué sería EUA sin ellos?

Son ellos los que limpian y atienden los restaurantes; los que cuidan a los niños, los que construyen las casas, los que preparan la comida rápida, los que cultivan las verduras, los que pagan impuestos federales sin recibir beneficios... sin ellos la economía estadounidense sufriría un grave impacto.

El otro lado de la moneda de la propuesta de inmigración hecha por el presidente George Bush ofrece daños económicos que difícilmente gustarán a los estadounidenses, sobre todo porque al carecer de la mano de obra barata de los inmigrantes, sus productos y servicios experimientarían una subida de precios.

El Servicio de Inmigración y Naturalización señala en un estudio reciente que los inmigrantes viven en 15 estados de este país, principalmente concentrados en Texas, Nueva York, Illinois, Florida y California, el estado gobernado por Arnold Scwarzenegger, donde reside más de la tercera parte.

«Mexicalifornia», como la llaman algunos mexicanos, ofrecería un escenario desolador sin inmigrantes: «Todo se colapsaría. Se moriría la economía de este estado. Tanto es el peso. Los estadounidenses quieren que los inmigrantes sigan haciendo los trabajos más duros: quieren que les cuiden a sus hijos, que les limpien sus casas, que les sirvan la comida; pero no quieren tratarlos como seres humanos», dice en entrevista Renee Saucedo, directora del Programa Diario de Trabajo del Centro Legal La Raza de California.

Saucedo asesora a los trabajadores que diariamente esperan en las esquinas de la céntrica calle César Chávez, en San Francisco, a que los «empleadores» o «patrones» les ofrezcan un trabajo por un día. «Los inmigrantes tienen que saber cuáles son sus derechos, pero la hipocresía de la política de Bush pretende que no reciban los mismos beneficios y derechos que los demás. Quieren que sean de segunda clase.»

De «ínfima clase» se siente David Corona, un sinaloense de Esquinapa que lleva 13 años viviendo en esta ciudad ilegalmente: «Me vine de bracero. Crucé el desierto caminando. Dejé esposa y tres hijos. No volví hasta después de seis años. Mi mujer se cansó, como es natural, y ahora nos estamos divorciando. Es ley de vida: o te la traes o la pierdes.»

Corona está en una concentración de trabajadores inmigrantes que protestan contra la propuesta de Bush en el Centro Nacional de Trabajo Doctor Martin Luther King. Celebra junto con afroamericanos, asiáticos y centroamericanos el cumpleaños del histórico líder. «Si Martin Luther King pudo luchar solo por los derechos de su raza, ¿por que yo no? —dice—. Quiero regularizarme. Nunca volveré a México. Mi vida está aquí. Allá la pobreza está muy dura, la agricultura no produce y el gobierno no nos ayuda nada.»

Comenta que todos los días se detiene en la calle Chávez para conseguir trabajo: «Los gringos nos contratan por unas horas para trabajar en el campo o en sus negocios. A veces ni nos pagan, pero ¿cómo los denunciamos? Yo tengo miedo de que me agarre la migra, así que me aguanto. El día que no me pagan, no como.»

El Banco de Datos Hispano señala que la fuerza laboral de los ilegales es de 5.3 millones de inmigrantes, entre los cuales hay 700 000 que trabajan en restaurantes, 250 000 como empleadas domésticas y 620 000 en la construcción.

Saucedo asegura que la propuesta de Bush no conviene ni a los inmigrantes ni a los norteamericanos: «Nos oponemos por muchas rezones, principalmente porque no ofrece a los trabajadores indocumentados la oportunidad de obtener la legalización permanente. Tampoco permite que los trabajadores se unan a sus familias; simplemente crea una situación temporal que podría perjudicar más al trabajador, ya que al cabo de entre tres y seis años, ese trabajador quedará bajo la vigilancia del gobierno estadounidense para su persecución.»

En la Cumbre de las Américas, celebrada en Monterrey, el presidente mexicano Vicente Fox expresó su beneplácito con la propuesta. «El presidente Fox es tan culpable como el presidente Bush de considerar eso viable. Nos preguntamos cómo es posible que Fox acepte un programa que tiene el potencial de explotar a los trabajadores mexicanos.»

Otra de las cuestiones en discusión es el destino de las escuelas y los hospitales públicos de este país si no existieran los inmigrantes, pues son ellos quienes principalmente los usan.

Lisa Moore dirige la Organización Mujeres Unidas y Activas, que concentra en su mayoría a cientos de trabajadoras domésticas a las que asesora y apoya con diferentes programas. «Ellos necesitan esos servicios y al recibirlos generan empleo y dinero. Pagan sus impuestos cada vez que compran la leche o cualquier cosa. Además, trabajan con un número asignado por el Servicio de Impuestos para contribuir al sistema fiscal. Muchos inmigrantes pagan sus impuestos sin posibilidad de arreglar sus papeles.»

En la ciudad de Los Ángeles los inmigrantes pagaron 340 millones de dólares a clínicas y hospitales para recibir asistencia sanitaria, mientras que en Chicago su consumo genera más de 31 000 empleos que contribuyen con 5 340 millones de dólares.

«La mayoría de los estadounidenses desconoce que una parte de su economía se sostiene por estas importantes contribuciones. Mientras la economía dependa tanto del abuso de los trabajadores inmigrantes, no van a poder hacer deportaciones masivas. La Seguridad Social quebraría sin los pagos de los indocumentados», explica Moore.

Añade: «Si las condiciones y la economía en los países de origen siguen siendo tan difíciles y la política no atiende de manera seria este problema, la gente va a seguir viniendo. La dominación que Estados Unidos intenta imponer al resto del mundo ha causado muchas de estas condiciones y ha forzado a la gente a huir. El país necesita otro liderazgo para resolver este problema.»

En una conferencia de prensa organizada por el Centro Legal La Raza, Juana Flores habló de las malas condiciones laborales de las mujeres trabajadoras en Estados Unidos. Ella llegó a California hace 13 años desde Guadalupe, Zacatecas.

«Estamos volviendo al terror de la 187, aquella propuesta que pretendía quitarles los derechos de educación y servicios sociales a los hijos de padres inmigrantes —dice—. Fue un momento muy difícil. Ahora las madres tenemos más miedo de que con esta propuesta nos persigan para deportarnos, porque al fin y al cabo somos las que salimos con los hijos para llevarlos a la escuela o al médico.»

Juana Flores ha trabajado limpiando casas o de cocinera. «Nuestros hijos nacieron aquí, pero nos invade la tristeza o la desolación porque no podemos tener, por ejemplo, una licencia de conducir, que necesitamos para trabajar y mantener a nuestras familias. La licencia que nos prometió el anterior gobernador, ahora Schwarzenegger nos la ha revocado. Ése es otro golpe muy fuerte, porque nuestras familias en México esperan el dinero que se les manda desde aquí. Es limitarnos. Es como cortarnos las alas.»

El costo de la propuesta del presidente Bush también ha sido analizado. Según el periódico *The Wall Street Journal*, la administración de la Seguridad Social estima que el costo potencial del pago de beneficios como consecuencia de un acuerdo «total» sobre inmigración con México ascendería a 78 millones de dólares el primer año, y el costo global, a 650 millones de dólares en 2050. «No obstante, esta estimación incluye únicamente a 50 000 beneficiarios iniciales, un cálculo muy limitado de acuerdo con la General Accounting Office, la sección investigadora del Congreso norteamericano.»

Las violaciones a los derechos humanos de los trabajadores inmigrantes también tendrían que ser investigadas con el intento de regularización nacional.

David Rodríguez, encargado de las campañas comunitarias de información para indocumentados del Centro de Recursos Centroamericanos de California, asegura que el centro recibe decenas de denuncias contra empleadores estadounidenses.

«En el campo, rentan sus bodegas a los trabajadores para dormir. Los obligan a levantarse a las cuatro de la mañana y trabajar más de 12 horas. Los llevan al lugar de trabajo y luego les descuentan de la paga transporte y hospedaje. Los salarios no están controlados, y pagan desde 5 dólares la hora. Son los abusos más comunes y permanentes.»

Rodríguez dirige campañas de trabajo comunitario a nivel nacional y cabildea en Washington en defensa de los derechos de los trabajadores inmigrantes: «Son condiciones de trabajo que ningún norteamericano aceptaría. Ellos lo saben.»

Los dirigentes de las organizaciones para la defensa de los derechos de los trabajadores inmigrantes coinciden en señalar que el problema de los indocumentados no se resuelve porque Estados Unidos prefiere tener mano de obra barata y fácil de controlar, sin tener que otorgarle beneficios.

Saucedo lo tiene claro: «Es un problema de muchos años que nunca han querido resolver porque beneficia a Estados Unidos. Es la mezcla de racismo y los elementos más conservadores y reaccionarios de este país, que culpa a nuestras comunidades más vulnerables. La propuesta de Bush es insultante; no nos ofrece nada. Si Bush tuviera tanta compasión por los trabajadores inmigrantes como dice, les concedería el lugar que verdaderamente les corresponde, con todos los derechos y privilegios de cualquier ciudadano de este país.»

## DEL «SUEÑO AMERICANO» A LA PESADILLA

La calle César Chávez, en San Francisco, California, donde diariamente acuden cientos de trabajadores indocumentados mexicanos a buscar empleo, es un claro ejemplo de la esclavitud del siglo XXI.

Desde hace años, con la permisividad de las autoridades migratorias y policiales, esta arteria de la ciudad funciona como una agencia de empleo barato, caracterizada por los abusos laborales de todo tipo y por la explotación de los trabajadores.

La escena se repite por todo el país. En cada ciudad o pueblo de Estados Unidos siempre hay una calle, una esquina u otro lugar adonde acuden los jornaleros para ser contratados. Muchos de esos trabajadores llevan 10 o 20 años viviendo como indocumentados. A la policía, los empleadores y el gobierno así les conviene.

Paradójicamente, el nombre de César Chávez corresponde al histórico fundador del Sindicato de Trabajadores del Campo en 1962, muerto en 1993 como consecuencia de un ayuno en protesta por las malas condiciones laborales.

La propuesta del presidente George Bush sobre inmigración no contempla la legalización de los más de 12 millones de indocumentados que hay, 80 por ciento de ellos mexicanos. Bush ha declarado reiteradamente que está en contra de una amnistía para los «trabajadores ilegales», pero tampoco le interesa perseguir ni castigar los abusos que los empleadores estadounidenses cometen contra los indocumentados.

Frente a esta iniciativa contrasta la propuesta bipartidista entre republicanos y demócratas en materia de inmigración. Los senadores de los partidos Republicano y Demócrata anunciaron un proyecto conjunto para una reforma del sistema, que no declararía la amnistía, pero sí facilitaría a algunos indocumentados el obtener la residencia permanente y, por consiguiente, la nacionalización.

Los promotores de esta nueva iniciativa son Chuck Hagel, republicano de Nebraska, y Tom Daschle, demócrata de Dakota del Sur. Ambos aseguran que esta propuesta fortalecería la seguridad nacional, mejoraría la estabilidad económica del país y reunificaría a las familias de los inmigrantes que ahora se encuentran en situación ilegal.

La propuesta Hagel-Daschle también contempla una visa temporal, pero a diferencia de la de Bush incluye la opción de acceder a una residencia definitiva al cumplir ciertos requisitos, como el haber permanecido en el país durante por lo menos cinco años, hablar inglés, conocer las leyes cívicas de Estados Unidos, pagar una multa de 1 000 dólares y haber mantenido un empleo durante los cuatro años anteriores a la postulación, uno de los cuales tendría que haber transcurrido después de la entrada en vigor del proyecto de ley.

Ante las varias propuestas de inmigración presentadas en los últimos años, destaca la realidad que afecta de manera cotidiana a los trabajadores indocumentados. En California, donde hay entre 8 y 10 millones de «sin papeles», la indiferencia del gobierno ha contribuido a que los abusos contra los mexicanos inmigrantes ilegales vayan en aumento, sobre todo en el impago de salarios.

Protegidos por la situación de ilegalidad de los trabajadores, los patrones estadounidenses casi nunca son denunciados, principalmente porque no revelan su identidad a aquellos a quienes contratan.

Además, los obligan a trabajar 16 horas o más, y al final de la jornada sencillamente les dicen que no les van a pagar: «Es frecuente. Ellos saben que no los podemos denunciar porque no tenemos papeles y además nunca nos dan sus nombres. Así es el sistema para los ilegales: lo tomas o lo dejas», dice Francisco García, originario de Morelia, Michoacán.

Francisco está parado en el cruce de César Chávez y Bartlett: «Llevo en esta esquina parte de mi vida. Llegué hace quince años. De aquí saco para mantener a mi esposa y dos hijos. México no sirve. Fíjese nomás que prefiero esto antes que aquello.»

La calle César Chávez tiene un código de normas no escrito. En cada esquina o parquímetro se paran trabajadores de distintos estados y municipios de México; por ejemplo, en una esquina los de Palenque, Chiapas; en otra los de Ocosingo y, más adelante, los de San Cristóbal de las Casas.

Hay tres turnos establecidos: mañana, tarde y noche. Hay quien permanece las 24 horas y duerme en «su esquina», como Miguel Ángel Navarro, de Ciudad Juárez, Chihuahua, que lleva 16 años de indocumentado: «Está duro el frío por la noche, pero ni modo. Hay abusos de todos los patrones: los gringos nos caciquean, los hispanos nos sablean y los chinos nos explotan. Los únicos buenos son los "putitos", los *gays* como les dicen aquí. Son los que mejor pagan.»

Un trabajador cobra entre siete y veinte dólares la hora, dependiendo del empleador y del tipo de trabajo ofrecido: pintura, albañilería, carpintería, plomería, electricidad...

Un trabajador estadounidense cobra entre 45 y 53 dólares la hora en trabajos especializados; sin embargo, el patrón se ahorra más de la mitad contratando a un indocumentado, y además no tiene que otorgar prestación alguna.

La mayoría de los trabajadores indocumentados viven en la indigencia. Duermen en los puentes, calles o estacionamientos de los alrededores y en algunos casos utilizan los tres meses permitidos en los pocos albergues públicos de la zona. A algunos no les alcanza para pagar los altos alquileres de una habitación, que van de 150 a 500 dólares; otros prefieren ahorrar todo lo que ganan para enviarlo a sus familias en México.

«Yo soy un *homeless* [sin hogar] en toda regla —dice José Cruz, de Cuernavaca, Morelos, que está en la esquina de la calle Shotwell cargando con su bolsa de dormir—. Desayuno, como y ceno en los albergues, duermo en un estacionamiento, me baño en un sitio para gente sin recursos y voy a las iglesias a que me den ropa. Aquí está bien padre. Si sabes moverte, no gastas nada.»

Hace unos meses un «pollero» lo pasó por Tijuana; le cobró 1 500 dólares. «Los pagó mi hijo cuando llegamos aquí. Es la cuarta vez que paso de "mojado". Nunca hay que darles el dinero antes; si no, te dejan tirado. Nos traen en camionetas Lincoln Navigator. Antes de pasar la frontera por la noche, nos dejan en el monte. Luego nos dan el "levantón" del otro lado. Después nos llevan a una casa y nos sacan a 20 amontonados, uno tras otro. Nos van dejando uno por uno en San Diego, San José, San Francisco...»

En la esquina lo acompañan otros seis compañeros: «Ésta es la esquina de los ayudantes de cualquier trabajo especializado; aquí hacemos de todo. Lo bueno es que ni la policía ni la migra nos molestan. Eso sí, tampoco nos ayudan. Cuando hemos denunciado que alguno no nos quiere pagar lo pactado, nos dicen: "Ése no es mi problema"», dice Norberto Alanís Rivera, sinaloense de 36 años.

Se vino caminando con otros dos amigos por la sierra, cruzó la frontera en Tijuana y llegó a San Francisco en tres días: «Yo no pagué coyote —dice—. Me vine sin equipaje; sólo una botella de tequila; ni agua traía. No pasé por Arizona porque allí los rancheros matan como conejos a los que cruzan. Ésa es su diversión y nadie les dice nada.»

## LA EXPLOTACIÓN

Hillary Ronen dirige el Programa Jornaleros en el Centro del Pueblo de la calle Valencia, que ofrece asesoramiento legal a los trabajadores indocumentados y gestiona sus denuncias de impago.

«Difícilmente podemos hacer algo porque no tienen el nombre del patrón ni su dirección, ni siquiera las placas del vehículo. Trabajan en una situación de explotación. Es un ejemplo de esclavitud en el siglo XXI. Sus historias son horribles», dice en entrevista.

Esta situación se repite en la mayoría de los 15 estados donde hay trabajadores indocumentados, aunque no existe un estudio riguroso de su problemática, y tampoco las estadísticas correspondientes.

«Diariamente tenemos casos de salarios que no se pagan. Algunos de los que hemos descubierto tienen su propia compañía; otros son contratistas; otros más, latinos e inmigrantes, y el resto estadounidenses explotadores», señala Ronen.

Dentro del programa de jornaleros, acuden a la calle César Chávez y les entregan unas libretas para que ellos mismos vayan anotando toda la información sobre cada patrón y sus horas de trabajo, aunque la mayoría de los empleadores se niegan a dar sus datos.

Añade que, en un estudio sobre este tipo de jornaleros, la Universidad de Los Ángeles entrevistó a 481 inmigrantes ilegales, y más de la mitad denunció un caso de salarios impagados.

«Por ejemplo, aquí todos los trabajadores tienen derecho a 10 minutos de descanso después de cada cuatro horas de trabajo, lo cual casi nunca se cumple; a veces trabajan más de ocho horas al día, y nunca les pagan las horas extras. La lista de abusos es muy amplia.»

Como parte del programa de jornaleros, esta ONG intenta ofrecer una propuesta a la policía y al fiscal del distrito para perseguir penalmente a los patrones que no pagan los salarios, como lo hacen en algunos casos ocurridos en Texas. «Ésa es la única manera de parar esta epidemia.»

Una epidemia que le ha destrozado la vida a Camilo Álvarez, un chiapaneco de Palenque, de 35 años, que llegó hace tres y desde entonces vive en la calle: «Duermo debajo del puente y cuando llueve nos dejan pasar la noche en el estacionamiento de la iglesia; allí nos dan el desayuno: café», dice hablando el español con dificultad.

Camilo habla chol y así se comunica con sus paisanos: «Todos somos de Palenque —agrega señalando a media docena de hombres—. Éste es mi primo; éste, mi tío… Casi todos somos parientes. Nos venimos porque la pobreza es mucha; no teníamos ni para darles de comer a nuestras familias. Por lo menos desde aquí les mandamos cada 15 días 300 o 500 dólares. Con nosotros de este lado, tienen mejor vida. Ni modo, éste es el país más poderoso. No podemos hacer nada.»

A su lado está Ángel López, de 34 años, cuyo rostro refleja la desesperación y la tristeza. «Llevo más de siete días sin trabajo; está muy duro. Ésta es la mala temporada; se mejora en marzo. Estoy preocupado porque desde hace mucho que no les mando dinero.»

Los de la esquina de la calle South Van Ness se quejan de que los chiapanecos suelen aceptar una paga de cinco dólares la hora, mientras que ellos exigen 10. «Nosotros les quitamos el trabajo a los gringos, que cobran a 20 o 50 dólares la hora; pero los chiapanecos nos lo quitan a nosotros, que cobramos 10», dice Carlos Contreras, de Veracruz.

Señala a otro compañero al que el día anterior el patrón no le quiso pagar su salario: «Trabajé dos semanas con él y luego no me pagó; me quedó debiendo casi 1 000 dólares», cuenta desolado.

«Al que le va muy bien es a él», añade señalando a un joven de unos 20 años, fuerte y bien parecido. «Sí —asiente él—, a mí me buscaron un día para que les diera un masaje.»

Alejandro Moreno (así se llama) suelta una risita pícara y agrega: «Era un maricón, pero yo sólo le di el masaje y me pagó a 10 dólares la hora. No pasa nada, porque sólo usé las manos.»

Los chiapanecos aseguran que los «gabachos» son los que mejor pagan, cuando pagan, y que los peores son los chinos. «Ésos sólo ofrecen ocho dólares la hora y no te quieren dar lonche», comentan.

Alonso Pérez denuncia que su patrón le debe 400 dólares: «Dijo que me los daría al día siguiente porque me iba a necesitar para trabajar y pasaría por mí. Y de eso hace una semana.»

Muy pocos casos de salarios impagados llegan como denuncias al consulado, señala José Débora, del departamento legal y laboral del Consulado de México en San Francisco.

«Los contratan y luego no les pagan —dice—. Muchas veces ellos no quieren hacer el seguimiento legal de la denuncia porque no tienen contrato o algo que demuestre que estaban trabajando. A veces ni siquiera saben para quiénes trabajan.»

La monja María del Carmen Díaz, de la iglesia de San Antonio, donde diariamente sirven 200 desayunos a los trabajadores de la calle César Chávez, comenta que la situación de indigencia en la que viven es muy grave y no los atiende ni el gobierno de México ni el de Estados Unidos.

«De tanto estirar la mano pidiendo trabajo cuando pasan los coches, se cansan. Les llevo comida, fruta o pan del que voy recogiendo en los negocios. Es una situación muy triste, que en México ni se conoce. Muchos piensan que vienen al paraíso y mire lo que se encuentran.»

La madre Carmen, que llegó a esta ciudad desde Jalisco para recibir un tratamiento contra el cáncer que padece, añade: «Eso sí, San Francisco es un santuario para los inmigrantes. La policía de migración no los molesta; por lo menos están tranquilos.»


SISTEMA HIPÓCRITA

Millones de documentos falsos en manos de inmigrantes supuestamente «sin papeles» circulan en Estados Unidos, donde existe una compleja red de complicidades que mantiene a 12 millones de personas como «ilegales».

Es un sistema en el que todos están involucrados, pero en el que sólo algunos son considerados responsables. Cuando un empresario contrata a un trabajador indocumentado, debe declarar la contratación y facilitar a las diferentes autoridades un número de seguridad social del empleado. Si el número es falso y la maniobra se descubre, la responsabilidad recae sobre el trabajador, que puede ser procesado y deportado. El empresario corre el menor riesgo y en el peor de los casos puede hacerse acreedor a una multa, porque no tiene obligación legal de verificar la autenticidad de los datos que recaba y transmite.

De esta manera se institucionaliza un sistema de doble moral y doble realidad: los indocumentados existen y no existen. Existen para trabajar en los puestos y con los salarios que los estadounidenses no quieren. No existen para recibir ayudas, pensiones ni otros beneficios. Las cuotas y los impuestos que pagan engrosan las arcas del Estado a cambio de nada: han pagado con un nombre o un número de seguridad social falso, y por ello nunca recibirán la devolución de impuestos, ni podrán reclamar.

El mercado negro de documentos es una realidad cotidiana en Estados Unidos. En cada ciudad o pueblo existe un lugar donde comprar la «residencia exprés». La calle Mission es el epicentro del barrio mexicano de San Francisco. Fruterías, panaderías, taquerías o cantinas abundan en una veintena de calles. La algarabía en las aceras contrasta con el silencio de los barrios anglosajones. Música, colores, puestos callejeros y olores recuerdan a cualquier capital latinoamericana.

«Micas, micas, seguro social, licencias», ofrece a plena luz del día un joven ubicado en la esquina de Mission y la Calle 20.

Media calle adelante hay otro sujeto con la misma ocupación. Y en la esquina de la Calle 21, al lado de la tienda de discos Ritmo Latino, un hombre corpulento con acento mexicano me sale al encuentro: «¿Quiere mica? [tarjeta de residencia]. Espere, espere. Quédese a mi lado, como si nada. ¡Despístelo!»

Otro hombre, identificado como J. Rodríguez, sale de la tienda de discos y me invita a caminar despacio junto a él: «Véngase, vamos a que le hagan la foto aquí enfrente», dice con acento mexicano. El estudio Doré cobra 10 dólares por un paquete de dos fotos. Para demostrar la «calidad y profesionalidad» del servicio, Rodríguez enseña otros «tres trabajos» que ya ha hecho y que espera entregar dentro de unos minutos: «La "mica" y el seguro social le salen a 60 dólares y tiene que volver a recogerlos dentro de dos horas.»

Media cuadra adelante, otro joven, que dice llamarse Gil, ubicado en la tienda Video Latino, también ofrece la mercancía, esta vez invitando a entrar al local, que en ese momento se encuentra vacío. Gil muestra varios documentos recién hechos y pide 250 dólares por una tarjeta de residencia tipo láser: «Yo sólo ofrezco. Si hay trato, le pido el nombre, la fecha de nacimiento y la foto. Después doy los datos a quienes las están haciendo. Y en hora y media me las traen. Aquí no hago nada. Somos un equipo de gente.»

Efectivamente, esta red de falsificadores funciona a través de teléfonos móviles y ante la indiferente mirada de los patrulleros que recorren la zona. Alrededor de quince hombres se dedican a ofrecer los documentos falsos en un radio de diez calles. Algunos clientes no se bajan del vehículo que conducen. Con movimientos sigilosos se pide, paga y recoge la mercancía entre el intenso tráfico. La calidad del trabajo exige el uso de equipos de computación e impresión de alta tecnología. Los «talleres» presuntamente están ubicados, desde hace más de una década, en el segundo piso de la tienda de discos y en la tienda de fotos Passport Photo Studio, donde los inmigrantes pagan y recogen la mercancía.

«Soy mexicano y mi trabajo es ayudar a los paisanos —dice J., el jefe, quien recorre constantemente la zona vigilando a los "miqueros" y a los clientes—. A ellos les interesa trabajar; por eso necesitan los documentos. A los patrones les interesa contratar mano de obra barata sin preguntar si los documentos son falsos o auténticos, y al gobierno le interesa que la economía crezca sin dar nada cambio. ¡A todos nos conviene!»

El tono y las formas de J. se van endureciendo: «Usted anda haciendo muchas preguntas a los compas. A mí no me importa, yo lo que quiero es venderle documentos, un trabajo de calidad. Si los quiere bien, si no, váyase rapidito, antes de que le faltemos al respeto. ¡Aquí no queremos a los chismosos! No se vaya a creer que somos los únicos. ¡Esto es nacional!»

La industria de documentos falsos funciona a lo largo y ancho del país en los barrios de las minorías étnicas. En el caso de la comunidad hispana, los lugares de venta en California están plenamente identificados desde hace más de una década. Según la Comisión Federal de Comercio, uno de cada diez robos de identidad producidos el año pasado se realizó en California, un estado que ocupa el segundo lugar del país en casos de robo de identidad y falsificación de documentos.

Por ejemplo, en San José, la venta se realiza en los centros comerciales La Tropicana, Mi Pueblo y entre las calles Story y King, en pleno barrio hispano. En Redwood City, en la tienda La Chávez, y en Los Ángeles, en los parques MacArthur y

Huntington o en la intersección de las calles Pacific y Gage, entre otros.

Esta fábrica de documentos falsos funciona en la mayoría de los 50 estados del país. Usan nombres de personas muertas, roban identidades o inventan todo tipo de datos para expedir pasaportes, actas de nacimiento, tarjetas de la Seguridad Social, licencias de conductor, tarjetas de residencia...

Los inmigrantes pueden vivir durante más de 30 años con documentación falsa. Los empleadores no están obligados a comprobar la autenticidad de esos documentos, de tal manera que el trabajador permanece en la clandestinidad: «Los honrados dueños de negocios no deberían actuar como detectives para verificar la situación de sus trabajadores», repite constantemente el presidente George Bush.

Los trabajadores indocumentados se convierten así en «ciudadanos de segunda clase» que pagan impuestos, pero no reciben beneficios a cambio. El año pasado la Seguridad Social reportó alrededor de 375 000 millones de dólares en concepto de ingresos no reclamados. Este rubro, conocido como *earnings suspense file*, se ha ido acumulando en el transcurso de más de 20 años a base de la mano de obra inmigrante «clandestina», que no puede exigir la devolución de los impuestos por haber utilizado documentos falsos.

Y es que en esta red de complicidades, que incluye a trabajadores, miqueros y empleadores, el Internal Revenue Service (IRS), dependencia encargada de la recaudación fiscal, tiene un papel preponderante, ya que acepta el pago de impuestos de los indocumentados argumentando que no tiene conexión alguna con la Agencia de Control de Inmigración y Aduanas. Tampoco la tiene, al parecer, con la Seguridad Social. Los em-

presarios retienen a los trabajadores un porcentaje de sus salarios y lo ingresan al Tesoro. El número de Seguridad Social es
falso, y a pesar de ello, el IRS acepta el ingreso. El trabajador
no puede impedir que se le retenga salario, y tampoco puede
reclamar su devolución.

«¿Por qué, si pago impuestos, no puedo ser legal? —dice
Luis Juárez, quien desde hace tres años trabaja en Estados Unidos con documentos falsos y realiza sus declaraciones tributa-
rias—. El sistema está diseñado para beneficiar a los empleadores y al gobierno. El problema migratorio no lo resuelven
porque no les conviene.»


La connivencia

El Congreso de Estados Unidos aprobó en 1986 la Ley de Reforma y Control de Inmigración (IRCA), que prohíbe la discriminación por origen nacional o por estatus migratorio
siempre y cuando el aspirante al empleo presente prueba de
identidad y de elegibilidad para trabajar. Pero el empleador no
está obligado a verificar la autenticidad de esos documentos.

En los últimos dos años, la Agencia de Control de Inmigración y Aduanas sólo ha detenido a 91 empleadores por contratar trabajadores con documentación falsa: «Es una cosa tolera-
da, porque se trata de la esclavitud moderna. Estamos hablando
de la hipocresía legislativa. La economía de este país está sustentada en el dinero que genera la mano de obra barata y en los
millones de dólares que los trabajadores pagan a la Seguridad
Social y no pueden ser devueltos», dice en entrevista José Sandoval, líder comunitario de San José, California.

En el centro comercial La Tropicana es fácil ver cómo un grupo de hombres ofrece documentos falsos haciendo una seña con el pulgar y repitiendo la palabra «mica». «Allí están ubicadas las oficinas de inmigración más rápidas del mundo. En una hora te hacen residente o ciudadano.»

La calidad del trabajo varía mucho. En algunos casos puede verse perfectamente lo apócrifo del documento: «A la mica se le nota mucho y mi jefe sabe que es falsa, pero se hace el loco. La verdad, no sé por qué aceptan esos documentos», dice Augusto César Sánchez, originario de Chiapas, que compró a 60 dólares la tarjeta de residencia y el número de la Seguridad Social porque en el restaurante La Delfina, donde trabaja como mesero, se lo exigieron.

Con 19 años, César decidió abandonar Chiapas con su hermano Nicolás. Hace un año pagaron al «pollero» 2 600 dólares para pasar la frontera. Su padre vendió las únicas cabezas de ganado con las que contaba a fin de sufragar los gastos del traslado. «Yo todavía no compro los documentos porque pinto casas y el patrón me contrata por día; por eso no está obligado a exigirme papeles. Me paga 80 dólares al día. A veces trabajo hasta 12 o 16 horas. Así es aquí: no tenemos derechos», dice en un precario español.

Desde su posición como empresario, David Navarro, propietario de una empresa de chiles y especias, se defiende: «Es un sistema útil para ambas partes; tanto ellos como nosotros nos beneficiamos. Algunos no están conscientes de que si realmente pagáramos lo que corresponde a un trabajador estadounidense, una lechuga valdría 5 o 10 dólares. Esto abarata los costos.»

Originario de Guadalajara, Navarro lleva 12 años en Estados Unidos y dice que un trabajador con papeles le cobraría a 20 dólares la hora haciendo las tareas de la bodega, mientras que a un inmigrante puede pagarle la mitad: «Es una forma de solidarizarse con los paisanos. Uno se da cuenta, más o menos, de que esos papeles son falsos, pero si sabes que vas a descubrir cosas que no te van a gustar, mejor no investigas. A veces te multan, pero lo bueno es que no te cierran la empresa.»

Comenta que las autoridades envían cartas avisando de anomalías en los documentos. Es entonces cuando el patrón decide despedir al trabajador o arriesgarse aún más: «Sí me interesaría que la gente que es trabajadora se arreglara, porque también hay mucha gente que viene a perjudicar y abusar del sistema pidiendo al gobierno ayuda que no necesita».

La bodega de David está en el puerto de Oakland, lugar de entrada de inmigrantes asiáticos. «Personas que trabajan de noche allí en el puerto ven cómo cada mes llega un contenedor lleno de chinos. ¿Cómo pueden ser invisibles cientos de chinos?»

El pasado 4 de abril el departamento de Seguridad Nacional (DHS) anunció la creación de equipos operativos para investigar el fraude migratorio en 10 estados del país, actividad en la que participan abogados, consultores de inmigración, ejecutivos y mafias encargadas de la producción y distribución de documentos falsos.

El gobierno ha anunciado que se enfocará también en la desarticulación del «cártel de falsificadores mexicanos» encabezado por la familia Castorena-Ibarra, que «trabaja» en 33 estados del país. Durante 20 años, esta organización criminal ha sido dirigida por distintos hermanos: Pedro, Alfonso, José, María, Raquel y Francisco Javier. Tres de ellos han sido detenidos y permanecen en una prisión de Denver, Colorado. La red de traficantes está dirigida desde México y opera con otros líderes en Estados Unidos.

La Agencia de Control de Inmigración y Aduanas continúa con la investigación. «Es una de las redes de fraude de documentos más grande y sofisticada que hemos descubierto», dijo Marcy Forman, directora de investigaciones de la agencia.

«Si la policía encuentra a un inmigrante con documentos falsos, lo detiene, lo deporta y nunca le permitirá volver a Estados Unidos —advierte George Tzamaras, portavoz de la Asociación Estadounidense de Abogados de Inmigración—. Actualmente, miles de personas tienen acceso a documentos falsos. El problema es que la gente no puede llevar una vida normal sin esos papeles. Necesitan una identificación para abrir una cuenta bancaria, un número de la Seguridad Social para conseguir trabajo, adquirir crédito, comprar una casa, obtener una licencia de conducir. Y lo peor es que nadie verifica la autenticidad de esos documentos. El empleador dice: "¿Por qué tengo que preguntar si la persona es legal o no?" Ellos sólo quieren trabajadores con un salario bajo.»

Para Tzamaras las actuales leyes de inmigración no tienen sentido porque no reflejan la tradición de la nación de inmigrantes que es Estados Unidos: «Lo primero que se tiene que hacer es cambiar las leyes. Estas leyes se hicieron hace 60 años, cuando el país era diferente y tenía otro tipo de economía. La reforma es urgente, pero tiene que hacerse una reforma humana.»

## OPACIDAD O REFORMA

El robo de identidad es uno de los delitos más comunes. El año pasado la compañía Choice Point reconoció públicamente que la empresa había sufrido la sustracción de información de

35 000 residentes de California, el único estado donde la ley exige que las compañías avisen a los ciudadanos cuando su información confidencial ha sido robada.

Las autoridades no proporcionan cifras exactas sobre el mercado negro de documentos y sus millonarias ganancias. No todas las leyes locales castigan esta actividad, como en el caso de California, donde el Código Penal del estado establece que «cualquier persona que fabrique, distribuya o venda documentos falsos para ocultar su verdadera nacionalidad o su estatus migratorio es culpable de un delito mayor y deberá ser castigada con cinco años de cárcel en una prisión estatal o una multa de 75 000 dólares».

Jorge Saldaña es dueño de dos taquerías y tiene contratadas a 40 personas. Tras 18 años de vivir en Estados Unidos, ha aprendido las claves del sistema: «¡Qué bueno que a los empresarios no nos obligan a verificar documentos! Si me obligaran, estaría limitado a ciertos trabajadores, lo cual significaría pagar entre 15 y 20 dólares la hora, y eso repercutiría en el precio de un platillo, cuando si se opera con mano de obra ilegal, se puede tener calidad y mejores precios.»

Reconoce que hay dos clases de trabajadores: «Al gobierno le conviene, pero al ilegal no, porque una persona que tiene papeles va a exigir más. A uno como empresario le conviene que se arregle la situación legal de ellos. Eso te da cierta seguridad. Por ejemplo, yo no puedo decir que cierta persona que trabaja conmigo es ilegal, porque a mí me presentó documentos. Aunque uno es consciente de la situación.»

Para Saldaña, si no existiera el mercado de la mano de obra ilegal, habría consecuencias negativas: «La economía está sustentada en el trabajo de los indocumentados. ¿Esclavitud moderna? Sí, pero el trabajador, si le echa ganas, puede obtener buenos ingresos, aunque lo que más perjudica al ilegal es la opresión de no tener documentos, como una licencia de conducir, y las limitaciones que eso significa.»

La Comisión Federal de Comercio afirmó que durante 2003 más de 10 millones de ciudadanos fueron víctimas del robo de identidad, y las empresas sufrieron pérdidas por más de 52 millones de dólares en transacciones fraudulentas, mientras que las personas dedicaron 297 millones de horas a tratar de resolver sus casos.

«El mercado negro de documentos ha existido siempre, particularmente desde que se aprobó la Ley de Reforma y Control de Inmigración, IRCA —afirma la abogada Renee Saucedo, directora de La Raza Centro Legal—. A los empleadores les conviene contratar trabajadores inmigrantes ilegales y voltear la cabeza para otro lado. Es la hipocresía del gobierno, que sabe que necesita la mano de obra de los inmigrantes y al mismo tiempo intenta implantar leyes punitivas.»

Para Saucedo este sistema significa «la institucionalización de los ciudadanos de "segunda clase". Por eso George Bush quiere otro programa de trabajadores huéspedes, trabajadores que no tendrían los mismos derechos que cualquier otro empleado en este país, simplemente por su estatus migratorio.»

Entre las reformas contempladas en la propuesta Sensenbrenner se encuentra precisamente la de modificar las obligaciones del empleador, quien deberá comprobar vía Internet la autenticidad del número de Seguridad Social que un trabajador le presente: «Hasta ahora a los empleadores no los investigan. El sistema es muy injusto porque los que resultan más perjudicados son los trabajadores; porque el patrón utiliza eso para in-

timidar al empleado y le dice: "Si te quejas, te voy a denunciar."
La mayoría de la gente no sabe que los inmigrantes, con o sin
papeles, pagan sus impuestos.»

Desde hace 22 años Carlos Hernández no ha vuelto a El
Salvador. Luego de convertirse en pandillero en la ciudad de
San José, participó en una riña y fue encerrado en la prisión de
San Quintín. Hace seis año salió de la cárcel, pero las autorida-
des le retiraron su documentación de estancia legal en el país.

Hernández se hizo con una documentación falsa y adquirió
otra identidad. Recientemente decidió volver a trabajar con su
verdadero nombre y por 250 dólares se compró una mica láser
para buscar trabajo como mesero. Ahora tiene dos empleos.
«Me la estoy llevando tranquilo, dejando que pase el tiempo,
viviendo bajo el agua y esperando a que haya otra amnistía
—dice—. Hay millones de personas con documentos falsos.
Los empleadores saben que es como la lotería. Cuando te toca,
pues te toca. Lo bueno es que somos muchos. Pueden pasar
hasta 25 años y no te toca.»

Dice que no puede volver a El Salvador porque la pandilla
Dieciocho y la Mara Salvatrucha lo matarían: «Para ellos soy
basura por haber estado en otra pandilla. Por si acaso, yo no
salgo a la calle con mis documentos falsos; sólo cuando voy a
buscar trabajo. Hay gente que va cambiando de nombre tres,
cuatro o cinco veces; unos porque ya han sido deportados y
otros simplemente por cambiar. Yo ahora no me meto en problemas; sólo he cambiado de nombre dos veces.»

Para Luis Juárez, el mercado negro de documentos en Estados Unidos es como «el Tepito de los papeles». Explica que cada año llega al negocio donde trabaja una carta de la Seguridad
Social que enumera a las personas con documentos que no les

cuadran: «Entonces uno vuelve a ir a esos lugares a sacar un nuevo documento falso, con otro número, y eso te sirve un año más. Y así te la llevas, sin problemas. Cuando entré a trabajar, la *manager* me dijo: "Tu situación legal no me importa ni quiero que me la digas; simplemente habla con los muchachos de la cocina para que te orienten."»

Luis ha conseguido en tres años un historial de crédito aceptable y acaba de comprarse una moto. «Tengo buen crédito, aunque saben que la tarjeta del Social Security no es buena. Todo el mundo lo sabe, pero aceptarlo es aceptar a 12 millones de ilegales. Por otro lado, el no aceptarlo es hipocresía porque ellos también ganan. Cuando alguien tiene la oportunidad de legalizarse, te preguntan cuántos nombres y números de la Seguridad Social falsos has usado y no te castigan. Es sólo para saber "quiénes" has sido.»

BRACEROS, EL ROBO DEL SIGLO

La demanda de los ex braceros mexicanos contra el gobierno norteamericano, entablada en la Corte Federal de San Francisco por los descuentos del 10 por ciento a los salarios de más de 350 000 personas entre 1942 y 1949, se ha vuelto un gran «negocio» para los bufetes de abogados de Estados Unidos.

En total son tres los bufetes implicados en la multimillonaria reclamación, admitida hace siete meses por el juez Charles Breyer, del Tribunal de Apelaciones del Noveno Circuito en San Francisco, el mismo magistrado que, en agosto de 2002, desestimó la demanda contra el gobierno mexicano y los tres bancos acusados del fraude contra los braceros (Banco de México, Banrural y Banco del Ahorro Nacional), al tiempo que autorizaba a los demandantes a continuar su reclamación contra el gobierno estadounidense, si bien con una rectificación, pero no contra el banco Wells Fargo.

En su sentencia, el juez Breyer señalaba que no tenía duda de que muchos de los braceros jamás recibieron los ahorros depositados, a los cuales tenían derecho. Por tanto, hace dos años les dijo: «La Corte simpatiza con la situación de los braceros.»

En 1942 Estados Unidos sufría una escasez de mano de obra debido a su participación en la Segunda Guerra Mundial, mientras que el nivel de pobreza de México aumentaba y sus trabajadores agrícolas carecían de suficiente producción. El 4 de agosto de ese año, los presidentes Franklin Delano Roosevelt, de Estados Unidos, y Manuel Ávila Camacho, de México, firmaron el convenio del Programa Bracero, que establecía una serie de requisitos y garantías para jornaleros mexicanos en EstadosUnidos. Se acordó pagarles 60 centavos de dólar la hora y descontarles el 10 por ciento del salario para un supuesto fondo de ahorro que, 60 años después, no se les ha entregado.

Hasta la fecha, el gobierno federal mexicano se ha ocupado del asunto únicamente en el sentido de nombrar dos bufetes de abogados (Heller Ehrman White McAuliffe, junto con Cleary, Gottlieb, Oteen y Hamilton) para que lo defendiera y procurara su absolución ante la Corte de San Francisco, pero no ha emprendido acción alguna para proteger los derechos de los braceros expoliados. Los tres bancos mexicanos demandados y después absueltos en Estados Unidos retuvieron ilegítimamente durante más de 60 años los ahorros de los braceros, pero en México ninguna autoridad judicial ni de gobierno les ha exigido hasta ahora su devolución.

Los abogados estadounidenses están considerando la posibilidad de volver a apelar contra la decisión que absuelve a los demandados mexicanos (gobierno y bancos). La Corte ha permitido a los demandantes continuar el procedimiento contra el gobierno estadounidense, que «como fiador violó sus deberes fiduciarios de salvaguardar los ahorros de los braceros. El caso continuará, pues, contra el gobierno de Estados Unidos», dice en un resumen del caso el bufete encabezado por el abogado Bill Lann Lee, de Lieff Cabraser, Heimann y Bernstein LLP. Otros despachos que han intervenido en el proceso son Hugs y Sokol, de Chicago, y uno con sede en Fresno, California.

El primer bufete de abogados de los demandantes mantiene en absoluto secreto el avance de la demanda, y en repetidas ocasiones Jason Rosenberg se negó a ser entrevistado alegando que no podía ser citado en ningún artículo porque sólo era un asistente del abogado Lee, quien tampoco atendió las peticiones de entrevista. El despacho señala en su página *web* que han entrado en la fase del litigio conocida como «descubrimiento, en que las dos partes intercambian datos y documentos», y remiten a los braceros al gobierno de México:

«El gobierno mexicano ha emprendido un programa por el cual los braceros pueden registrarse para que reciban la retribución en caso de que la ley sea aprobada. Para registrarse hay que ir en persona a las oficinas gubernamentales que están en las capitales de cada estado mexicano y llenar el formulario allí. No se puede hacer por correo. Registrarse es gratuito…»

Y añaden: «Sabemos que circulan rumores de que un acuerdo se ha alcanzado y dinero se está distribuyendo. No hay ningún acuerdo, y no sabemos si or [sic] cuándo habrá uno. Tampoco hay horario fijo para las próximas audiencias.»

Esto ha generado la desconfianza de algunos braceros. «Hay mucha lana en juego y no quieren que sepamos nada. A mí, una gringa que vino a mi casa con una intérprete para llevarse todos mis papeles me dijo que, si ganaban el juicio, me darían sólo 1 000 dólares, una cantidad ridícula para toda una vida. Eso es muy poquito, pero ¿qué le vamos a hacer?, si en México el presidente Vicente Fox no nos quiere ayudar», dice Senorino Ramírez Cruz, quien encabeza la demanda junto con Leocadio de la Rosa, Liborio Santiago Pérez, Felipe Nava, Ignacio Macías y Rafael Nava.

A Senorino «los abogados gringos», como él les dice, lo hicieron firmar un documento en inglés que él deduce era la demanda. «Usted fírmele allí», fue la única explicación que le dieron, y a continuación le pidieron su documento oficial de la Seguridad Social. «Nunca más volvieron, ni me han llamado, ni sé nada de ellos. Así es como lo engañan a uno. Se aprovechan. Como uno ignora muchas cosas...»

Con 82 años, Senorino recuerda de memoria su número de contrato laboral en Estados Unidos: 120328. «Ese número se me grabó y grabó y nunca más se me borró. Llegué de 20 años», dice, y narra las condiciones infrahumanas en las que trabajó cuatro años consecutivos durante la Segunda Guerra Mundial: de 1944 a 1947 en el estado de California, primero en el condado de Chico, en una empresa con huertas y una empacadora de fruta, y luego en Colusa, con un empresario que cultivaba almendras. «Con nuestro trabajo les dábamos los alimentos a los americanos. Ellos no tenían qué comer; eran tiempos duros, de guerra y todo.»

Considera que es el gobierno de Estados Unidos el primer responsable del fraude cometido contra ellos, porque fue aquí donde les descontaron el 10 por ciento de sus salarios para el supuesto fondo de ahorro, y dice que sólo en una ocasión, hace dos años, acudió a una audiencia en la Corte de San Francisco.

«Había 12 abogados que hablaron con el juez, nomás que ésos no son los abogados con los que yo hablé. Con los que yo hablé me dijeron que después hablarían con otros abogados más grandes para que hablaran con el juez. Así está el asunto. Ellos me dijeron que el gobierno de Estados Unidos sólo tiene que aclarar dónde está el dinero, pero me aseguraron que el dinero está en México.»

—¿Y cómo se convirtió usted en demandante contra el gobierno estadounidense?

—No me di cuenta de cómo; cuando me di cuenta, yo ya estaba en esa demanda. Ni sé cómo empezó todo; sólo que hablaron conmigo esos gringos, pero no me acuerdo de sus nombres; son un poco trabajosos. Una me dejó su tarjeta, aquí está: Debora Smith, pero nunca más la volví a ver.

EL DINERO

A diferencia de Braceroproa, cuyo líder, Ventura Rodríguez, apoya la demanda de los abogados estadounidenses, la Unión de Braceros Mexicanos se manifiesta abiertamente en contra.

Para Sergio Moreno, dirigente de esta organización, algunos abogados norteamericanos han cometido abusos contra los braceros, como en el caso de Senorino Ramírez: «Estamos en contra de la demanda de los bufetes estadounidenses porque estos abogados lo que quieren es entrarle a la colmena. Estamos hablando de 1 000 millones de dólares.»

Explica que los seis bufetes de abogados se quedarían con el
33 por ciento de lo obtenido en los tribunales. «En total sería el
50 por ciento, de acuerdo a las leyes norteamericanas. Se quedarían con un dineral en caso de ganar, que es seguramente lo
que va a pasar.»

Durante 50 años el tema de los braceros también ha atraído
la atención de algunos líderes que han defraudado sin escrúpulos
a las familias, robándoles la documentación o el dinero. Lo último, señala Moreno, es la atención de los diputados de origen
hispano, que han prometido una solución, sin resultados.

Por ejemplo, la última iniciativa es una propuesta de ley
presentada en el Congreso de Estados Unidos por el representante Luis Gutiérrez, del cuarto distrito electoral de Chicago, para que se investiguen los archivos del banco Wells Fargo,
institución que descontó el dinero a los braceros y que se niega
a dar información. «Lo malo es que esa propuesta está congela-
da, y los diputados de la minoría hispana, que ahora ya es la
mayoría, nos ven como un filón electoral», agrega Moreno.

En Estados Unidos los braceros también han ejercido la
desobediencia civil: «Hemos invadido algunas oficinas de los
congresistas federales para que nos atiendan. El representante
Gutiérrez estuvo elaborando esta propuesta en el Congreso
por debajo del agua y, cuando nos dimos cuenta, tuvimos que
esperar un año para que nos atendiera en el momento de invadir sus oficinas.»

Justifica la invasión al rancho de Fox: «Si no hubieran invadido el rancho de Fox, nos habrían seguido ninguneando y haciendo burla de todas las exigencias de esos trabajadores migrantes. Nosotros fuimos la única organización que no
quisimos entrevistarnos con él cuando vino a Estados Unidos.

No quisimos ser parte de toda la fanfarronería. La visita a su rancho es la consecuencia de no atender los reclamos del pueblo. El proceso policiaco en contra de los braceros no es el camino adecuado. Eso va a crear más violencia.»

Moreno advirtió que la lucha continúa y que seguirán con la estrategia de las invasiones: «Podemos empezar a tomar los consulados de México en Estados Unidos; hacer movilizaciones campesinas en México y tapar las autopistas. Debe darse una solución. Son sus últimos años: los braceros se están muriendo.»

En el primer periodo del programa bracero, de 1942 a 1946, se firmaron 172 000 contratos, de los cuales sólo quedan vivos unos 50 000 braceros, aunque la mayoría vive y los más jóvenes tendrán entre 56 y 58 años.

Según los archivos de la Unión de Braceros Mexicanos, en ambos países existen 4 600 000 braceros afiliados a la organización, de acuerdo con los contratos individuales que firmaron entre 1942 y 1964. «Tenemos trabajadores que llegaron hasta 1969 con las famosas visas H2A y H2B, y los de la alta tecnología y servicios», dice Moreno.

—¿Existen pruebas que demuestren que se les debe ese dinero?

—Sí, nosotros hacemos unas formas donde los trabajadores ponen sus datos generales, los años en que llegaron, los ranchos donde estuvieron trabajando y qué tipo de trabajo estuvieron haciendo. Aparte de eso, la mayoría conserva sus micas de aquellos tiempos, aunque muchos de ellos las entregaron cuando se regularizaron con la amnistía de 1986, pero hasta 1974 podían hacerse ciudadanos de este país. Otros tienen testimonios, cartas de agradecimiento de los rancheros con que estuvieron trabajando, y muchos tienen sus cartillas de México firmadas por organizaciones campesinas.

Afirma que la mayor parte del dinero retenido a los trabajadores braceros se quedó en Estados Unidos: «Este país tiene una gran responsabilidad. Es donde vinieron los braceros a trabajar, es donde dejaron su juventud, su sudor y todo su esfuerzo. Aquí tienen más responsabilidad que en México, aunque hay pruebas de que el gobierno mexicano recibió 15.6 millones de dólares en 1946. Ésa es la única prueba que hay. No tenemos las pruebas porque no tenemos acceso a los archivos más clasificados de Estados Unidos.»

Los números

La demanda interpuesta en la Corte del Circuito Federal de San Francisco acusa a los gobiernos de México y Estados Unidos y a los bancos de retardar el pago a los ex braceros y enumera los principales errores cometidos por ambos países: no establecer mecanismos claros de entrega, no llevar un registro preciso de los braceros, no asegurar la entrega del fondo y no proporcionar información para el cobro.

Sin embargo, el proceso ya sólo se puede seguir en contra del gobierno estadounidense, después de la decisión del juez Breyer. En el caso de los braceros, los números cambian constantemente, ya que falta la suficiente documentación para establecer, de entrada, el número exacto de trabajadores, el tiempo trabajado y el monto del dinero descontado.

Se calcula en 400 mil el número de trabajadores contratados entre 1942 y 1949, y los fondos acumulados, en unos 60 millones de dólares, dinero que quedaría en cuentas bancarias que producirían intereses; por tanto, la cantidad que demandan llega a los 1 000 millones de dólares.

En el acuerdo firmado entre México y Estados Unidos, el gobierno mexicano se compromete, a través del Banco del Crédito Agrícola, a «cuidar la seguridad de los ahorros de los trabajadores», y a que ese banco «asuma la responsabilidad por el depósito, por su seguridad y por su aplicación o, en ausencia de éste, por su devolución».

En septiembre de 2002, el destituido gobernador Gray Davis promolugó la ley AB2913 o «ley bracero», que amplía el estatuto de limitación legal al 31 de diciembre de 2005 y dará a los ex braceros mexicanos más tiempo para presentar sus demandas con el objeto de recuperar su dinero.

El michoacano Luis Magaña, de la Organización de Trabajadores Agricultores de California, dice en entrevista que la única esperanza que tienen es llegar a una solución en los tribunales estadounidenses. «No hay mucha credibilidad en la justicia mexicana, y cuando muchos de los braceros ven lo que está pasando allá, muestran desconfianza, sobre todo con la actitud del gobierno y de los legisladores en el Congreso.»

Magaña representa a la generación de hijos de los braceros. Su padre, de 82 años, trabajó en Estados Unidos como bracero y se legalizó en los años 60 para traerse a su familia en los 70. «Para nosotros el mayor obstáculo que ahora obra en favor del gobierno de México es la muerte; se nos están muriendo los ex braceros. Por ejemplo, ya casi no hay gente que trabajó en los años 40. Mi padre está muy enfermo y, claro, ya cuando todos mueran, pues creen que se acabarán los reclamos.»

Comenta que quedan los hijos y las viudas, pero nunca es

lo mismo: «La gente lucha, no tanto por el tema económico; más bien porque tratan de recuperar una dignidad que les fue arrebatada. Quieren que se les restituya su dignidad como seres humanos, luego de sufrir tantas humillaciones y vejaciones trabajando en los campos de Estados Unidos.»

A muchos de los braceros, al ingresar en territorio estadounidense, los desnudaban y los rociaban de pesticidas para supuestamente «desinfectarlos». «Ése es uno de los actos más indignos y deplorables que el gobierno de México permitió que les hicieran a sus ciudadanos. Los fumigaban, los bañaban, les abrían la boca con un pedazo de plástico para revisarles la dentadura. Eso es una bajeza enorme. Una humillación, no a un bracero, sino a toda una nación», comenta en entrevista Miguel Araujo, coordinador del Centro Azteca, involucrado desde hace años en la lucha de los braceros en Estados Unidos.

Señala que algunos líderes y legisladores de origen hispano que supuestamente han defendido a los braceros no han exigido responsabilidades al gobierno estadounidense porque sencillamente viven del presupuesto de este país: «La mayoría de los líderes que andan de este lado reciben fondos de dependencias de aquí y esos fondos son condicionados a que ellos se conviertan en serviles. Es allí donde está el meollo del problema.»

Añade: «El gobierno estadounidense es responsable, porque si ellos fueron los que crearon la ley para los mecanismos aplicados en los contratos, tendrían que tener una documentación y un censo para ejecutar y cumplir el convenio hasta sus últimas consecuencias.»

Sin ambages, Araujo señala que la opinión generalizada es que el gobierno de Estados Unidos se convirtió en garante de los fondos descontados a los braceros: «Tienen la obligación moral de reintegrarles todo su dinero. En este momento el gobierno estadounidense sigue fallando, porque por lo menos debería actuar y reembolsarles su dinero a los últimos braceros, antes de que se mueran todos.»

José Sandoval, líder comunitario en San José, California, lleva 10 años apoyando la lucha de los braceros y afirma que en los tribunales de Monterrey, Nuevo León, se sigue una demanda contra el gobierno mexicano. «Mientras el presidente Vicente Fox se siga lavando las manos, las acciones de desobediencia civil en ambos países continuarán —agrega—. El presidente nos tiene defraudados, no nomás a los braceros, sino a todos los trabajadores de México.»

Y concluye: «Tenemos 60 años esperando y podemos durar hasta 100 más, porque luego siguen nuestros hijos y después nuestros nietos. Esto no va a parar hasta que se nos haga justicia.»


## Transformación en Nueva Orleans

El estruendo del *jazz*, mezclado con *rock* y *blues*, emerge de bares, discotecas y locales de *strip-tease* para inundar la mítica Bourbon Street del barrio francés, centro neurálgico del Mardi Gras, el carnaval más famoso de Estados Unidos, que este año celebró su 150 aniversario.

«La fiesta ha vuelto», reza un gran cartel que da la bienvenida a cientos de personas de todo el mundo que se sumaron a esta verbena popular del 16 al 28 de febrero, día este último de la celebración del Mardi Gras, o «Martes Gordo», que antecede al inicio de la Cuaresma; un periodo de sacrificio que este año cobra especial importancia en la ciudad cuna del *jazz*.

Las máscaras, disfraces, bandas de música y carrozas alegóricas desfilan por las principales calles. Las luces de neón invitan a los daiquiris, mientras clarinetes y saxofones despiertan los impulsos rítmicos. El alcohol corre de vaso en vaso, el porno se ofrece «gratis» y las pasiones se disparan en una especie de catarsis que intenta recuperar el carácter festivo en medio de la tragedia post-Katrina.

Seis meses después, gran parte de la ciudad sigue en penumbras, sin servicios básicos, con tres cuartas partes de su población desplazada, 200 000 casas destruidas, más de 1 400 muertos, casi 6 000 desaparecidos, pérdidas por 100 000 millones de dólares y alrededor de 200 cuerpos sin identificar en camiones frigoríficos.

Nunca antes la doble cara del teatro —símbolo del carnaval— representó tan cruelmente la realidad de Nueva Orleans: drama y comedia se funden y surge la simbiosis de la alegría y la desolación. «Éste es el Mardi Gras más triste —dice Robert Muniz, miembro de la comparsa Viejos Brujos, quien lamenta que su desfile se cancelara por falta de presupuesto—. De todos modos casi 50 compañeros hemos decidido disfrazarnos y salir a la calle. La ciudad está en bancarrota y el carnaval significa dinero. El espectáculo tiene que seguir. No importa que algunos estén en contra. Yo también perdí todo y aquí estoy», comenta mientras bebe su cerveza.

Este esfuerzo desenfrenado por devolver a la ciudad un aspecto de normalidad fracasa ante los hechos: el Ayuntamiento sólo pudo organizar ocho grandes desfiles, en lugar de los 34 de años anteriores. La ciudad, con antecedentes canadienses, franceses y españoles, recibió 500 000 visitantes en vez del millón y medio de turistas que anualmente se daban cita en estas fechas y, por si fuera poco, de los 1 000 millones de dólares que se obtenían en beneficios, se espera conseguir menos de la mitad.

«No estamos para fiestas —dice indignada Evelyn Buntro, del grupo cristiano Central City Community Church, del barrio de Kenner, quien a escasos cinco minutos de Bourbon Street consuela a Audrey Dixen, una vendedora ambulante afroamericana que llora sin parar sentada en un banco de Jackson Square, el lugar donde George Bush se dirigió a la nación para prometer que Nueva Orleans renacería— . Ella perdió a su madre por el huracán. Es uno de los miles de desaparecidos que el Estado no reconoce. ¿Usted cree que tenemos algo que celebrar? El carnaval en estas circunstancias es injusto.»

Detrás de las máscaras y collares multicolores de quienes sí quisieron unirse a la fiesta se esconde el deseo de exorcizar los «demonios». La sátira mordaz y el humor negro tiñen los espectáculos. Nueva Orleans se ríe de la muerte, de Katrina y de los políticos. Las caras del alcalde Ray Nagin, el dimitido director de FEMA, Michael Brown, y el presidente George Bush, abundan en la algarabía carnavalesca: *Make Levees, Not War* («Haz diques, no la guerra»), dice uno de los eslóganes de los desfiles. El alcalde ha sido inmortalizado en camisetas emulando a *Charlie y la fábrica de chocolate*, en referencia a unas declaraciones racistas que hizo a mediados de enero: «¿Cómo puedo asegurar que la ciudad no será tomada por asalto por trabajadores mexicanos? Esta ciudad será de mayoría afroamericana. Dios así quiere que sea: una ciudad chocolate.»

Las estadísticas desmienten a Nagin: de los 500 000 empadronados, quedan 150 000 ciudadanos; el resto sigue ubicado en albergues y hoteles en distintos estados del país o en casas móviles distribuidas por Luisiana, Mississippi, Alabama, Texas y Florida; la mayoría son afroamericanos, el sector de población más pobre e históricamente marginado. «Antes éramos 70 por ciento negros y 30 por ciento blancos. Ahora somos más blancos, como un 80 contra un 20 por ciento. Es extraño, pero la mayor parte de esa gente nunca volverá», dice Marlon Maloe, quien perdió casa, trabajo y familia.

Y es que el perfil de la ciudad está cambiando vertiginosamente. La rediseñada Nueva Orleans no sólo es blanca, sino más latinoamericana, gracias a la diáspora mexicana. Cientos de trabajadores hispanos llegan todos los días atraídos por la demanda laboral de la reconstrucción. «Llevo seis meses aquí y el trabajo no se acaba. El mes pasado me traje a mi esposa y a mis hijos para quedarnos», cuenta Carlos Gutiérrez, originario de San Luis Potosí, quien vivía en Dallas, Texas, desde hacía 14 años.

## LIMPIEZA ÉTNICA

Los ritmos musicales del carnaval no pasan por el barrio Lower Ninth Ward, una de las zonas más emblemáticas de la ciudad, con mayoría afroamericana, ubicada a sólo 20 minutos del barrio francés. Esta parte de la ciudad, construida al lado del río Mississippi, quedó totalmente inundada después de la rotura de los diques.

Al cabo de seis meses, el barrio sigue devastado y luce como si el huracán hubiera pasado ayer, sólo que el agua que anegaba la zona ha desaparecido. Hay coches volcados en medio de los escombros, casas sin techo, sin paredes, destrozadas; objetos regados: una bicicleta infantil, una lavadora, una señal de parada de autobús, postes tirados en medio de la calle y terrenos semivacíos donde antes había viviendas. «Aquí estaba su casa —dice Susan Crankovic, voluntaria que usa una mascarilla para protegerse del polvo que desprenden el moho y la podredumbre del lugar—. Éste es el momento más terrible para los vecinos; cuando los traes y ven que sólo quedan unos cuantos escombros de lo que fue su casa.»

Crankovic está acompañada de Kara Dickenson. Ambas han llegado de Texas, junto con un grupo de cristianos, para ayudar. La ciudad no tiene un plan de reconstrucción definido, y la presencia del Estado es casi nula. Los residentes más necesitados sobreviven prácticamente gracias al voluntariado ciudadano. «No nos explicamos cómo no se suspendió el carnaval. Estamos muy enfadados porque el Ayuntamiento se ha gastado en el Mardi Gras 1 millón de dólares que muy bien podrían haberse utilizado para sacar 60 cuerpos que aún están dentro de las casas de lo que queda de este barrio.»

El recorrido por el lugar ofrece una imagen desoladora. Ninguna vivienda sobrevivió a la furia de Katrina. El olor a muerte, herrumbre y descomposición impregna el ambiente. Las autoridades alegan que no hay dinero para recuperar los cuerpos que ya se han localizado. En lo que queda de cada casa hay una señal pintada con tinta roja, que muestra si encontraron animales domésticos o seres humanos, vivos o muertos. El barrio más popular de la ciudad tenía 50 000 habitantes y ahora luce desierto. Sus vecinos aún se encuentran en el limbo judicial y muchos no han regresado.

«Este barrio es símbolo del racismo de Nueva Orleans», dice sin ambages el pintor John Paul Marcelo, de origen filipino y residente de San Francisco, que se ha desplazado hasta aquí para unirse a la organización humanitaria Common Ground Relief, una especie de asociación ciudadana creada para proteger este barrio de la voraz especulación inmobiliaria. «Esto se construyó sabiendo que cuando viniera un huracán de categoría 5 los diques no iban a resistir. Aquí vivían los más pobres, es decir, los negros, y ahora quieren hacer una limpieza étnica. La policía no deja acercarse a los escasos dueños de las viviendas que han regresado. Quieren barrer el lugar y convertirlo en una especie de Disneylandia.»

Un estudio de la Universidad Brown titulado *Huracán Katrina. ¿Quién fue afectado? ¿Quién regresará?* advierte que Nueva Orleans podría perder el 80 por ciento de la población negra. El análisis, dirigido por John Logan, afirma que antes de Katrina el 65 por ciento de la población de la ciudad era negra, pero después del huracán la caída del censo supone casi el 60 por ciento.

La investigación encontró que las áreas dañadas por Katrina fueron en un 75 por ciento barrios de afroamericanos, la mayoría gente de bajos recursos sin posibilidad de comprar un seguro de vivienda, personas que alquilaban y que no están interesadas en volver, o gente que sencillamente carece de recursos para volver aquí sin la garantía de poder reconstruir lo que fue su residencia a falta de un plan gubernamental que se lo facilite o permita.

Muchos han actuado por iniciativa propia, como Alvin Graber, un afroamericano de 66 años, residente del lugar. «Estaba en California, pero decidí volver. Lo que queda de mi casa está aquí y no me iré —advierte, mientras pide algo de comer en un puesto de Emergency Communities, una organización de voluntarios que reparte tres comidas diarias—. Ellos [las autoridades] quieren que nos olvidemos y no volvamos, pero yo no me muevo de aquí. Lo perdí todo. Mi familia sigue separada: unos en Texas, otros en California, en Mississippi... Es terrible», agrega, conteniendo el llanto, consciente de que éste es el mayor éxodo de personas en Estados Unidos desde la Gran Depresión.

Volver a ocupar sus casas no es tarea fácil. La comisión creada por el gobierno local para la reconstrucción ha propuesto convertir este barrio en humedales debido a su vulnerabilidad ante los huracanes. «Es necesario cambiar el sistema de diques —asegura Chuck Woodin, del cuerpo de ingenieros de la ciudad, quien parece ya estar acostumbrado a los olores fétidos del lugar y sólo usa un casco como protección—. La gente ya no puede vivir en este alto grado de riesgo. Yo vivía en Lakeview, que se supone era una zona más segura, y perdí mi casa. La clave sigue siendo sólo una: invertir más dinero en los diques; hacer mejores diques.»

El gobierno federal ha advertido que no hay recursos para construir diques que resistan huracanes de categoría 5 porque el costo sería de 30 000 millones de dólares, y el presidente George Bush anunció que sólo se gastaría una décima parte de eso en muros de contención que aguanten huracanes de categoría 2 o 3. Los diques apenas se están reconstruyendo, y la gente teme que al llegar la temporada de huracanes, en junio, aún no esté terminado el trabajo.

Las autoridades de Nueva Orleans han dado cuatro meses a los residentes de las zonas más afectadas para presentar planes de reconstrucción. Al término de ese plazo sus barrios serán declarados inhabitables y a los propietarios se les pagarán las viviendas al precio de mercado anterior a Katrina. El gobierno de Luisiana intenta estimular a los residentes a reconstruir en otros barrios o ciudades y ha ofrecido subvenciones de 150 000 dólares en créditos a cada vecino que permanezca en el estado, y sólo el 60 por ciento de esa cantidad a quienes se muden fuera o no regresen.

El interés inmobiliario se ha disparado. Los letreros de «Compramos su casa» abundan en las viviendas en ruinas, como las del barrio Lakeview, ubicado a orillas del río Pontchartrain. Hasta este vecindario de clase media no han llegado los ritmos del carnaval, pero sí los turistas, que se pasean por la Canal Street como parte del Tour Post Katrina, organizado por la agencia Gray Line a un precio de 35 dólares. «Los llevamos al Centro de Convenciones, al Superdome. Luego recorremos Lakeview, la London y Canal Street y el Dsitrict Garden. La mayoría de la gente que viene piensa que Nueva Orleans está arreglada, pero se dan cuenta de que no es verdad. Después de seis meses, todavía tenemos demasiada devastación y muy pocos residentes.»

—Algunos vecinos se muestran en contra de este recorrido porque explota el sufrimiento y la tragedia.

—Yo nací aquí, siempre he vivido aquí, y ésta es mi historia. Puedo y quiero contarla. ¿Quiénes van a saber más, el *Washington Post*, los periodistas japoneses o la CNN? Nosotros estamos en la mejor posición para contar nuestra historia. Es importante que la gente sepa lo que pasó. Cada habitante de Nueva Orleans tiene una historia que contar. Esta ciudad no la van arreglar en meses; necesita años, tal vez más de una década, y debemos mostrarle al mundo la realidad, aunque ésta sea negativa.

La actividad turística se recupera lentamente. Sólo han abierto 50 por ciento de los hoteles y 30 por ciento de los restaurantes. «La gente está muy afectada. La población afroamericana dice que es la más desfavorecida, pero Katrina ha golpeado también a los blancos. El daño es igual para todos —señala Vicky Brock, portavoz de la Oficina de Turismo de Luisiana—. Parte de la ciudad sigue en ruinas. Estamos seguros de que, después de esto, se va a construir una mejor ciudad y todos seremos más fuertes.»

Buena parte del transporte público no funciona. El famoso French Market de la calle Decatur luce casi vacío. Cheikh Aioume, un afroamericano de 21 años de origen francés, vende artículos de madera y dice con una amplia sonrisa que «el mundo no se acabó después de Katrina». «El negocio va mal, pero aquí sigo; no voy a moverme de mi ciudad, ¿y sabe por qué? Porque el gobierno quiere que todos los negros nos vayamos para ellos construir "Las Vegas". Yo decidí venirme de Nueva York, donde estaba refugiado, porque me enteré de lo que estaba pasando. Así que ahora, hagan lo que hagan, no me iré.»

La mayoría de las personas que deciden regresar por su cuenta se enfrentan al problema de la vivienda. Las rentas han subido casi un 200 por ciento sin que ninguna autoridad regule los precios. «Es horrible: por un cuarto que antes te costaba 400 dólares, ahora tienes que pagar 800, mientras que los salarios siguen igual —dice Danny Stott, mesero del celebre Café Du Monde, mientras limpia el azúcar glas que desprenden los *beignets,* una especie de donas francesas—. Este carnaval ha sido un desastre; ni gente hay.»

Las tiendas de disfraces del French Quarter han registrado ventas, pero nunca como en años anteriores. Y es que el centro de la ciudad, donde antes se veía una gran cantidad de gente afroamericana, ha sufrido una cruel transformación: «Lo más claro de todo es que ya casi no se ven negros por estas calles —dice Byron O'Dell, un turista rubio de 85 años—. Vengo aquí anualmente en esta temporada desde hace 20 años con mi esposa. Y se lo puedo asegurar: aquí no hay ni el 20 por ciento de la gente de color que solía haber. Esto es pura limpieza étnica.»

A cinco minutos del centro carnavalesco, caminando por la calle Conti, se llega a la avenida Esplanade, donde cientos de vehículos abandonados se amontonan debajo de los puentes. Miles de techos de los barrios aledaños están cubiertos con bolsas de plástico azules en señal de reparación. La basura se acumula en las calles y desprende un olor pestilente. En el 1732 de la calle Gobernador Nicholls, Calvin De La Rose asegura que no tiene nada que celebrar, aunque se siente afortunado, ya que el agua del Katrina inundó su casa, pero no la destruyó.

De La Rose nació en 1927 y disfruta hablando el francés de sus ancestros. Su abuelo, luego su padre y ahora él, han sido zapateros. Con orgullo muestra las instalaciones de su pequeña tienda, aún cerrada por falta de clientes. Dice que está rehabilitando su casa con unos trabajadores hondureños a los que acaba de contratar, porque ha decidido quedarse: «Los hispanos son muy buenos trabajadores», comenta.

Las comparsas del carnaval, que en años anteriores inundaban los barrios aledaños, tampoco existen en esta parte de la ciudad, donde no hay balcones adornados con el dorado, verde y púrpura del Mardi Gras. Aquí la gente piensa más en el futuro inmediato. Las elecciones municipales estaban previstas para el mes de febrero, pero se han suspendido hasta abril. Por primera vez un candidato blanco demócrata, Mitch Landrieu, subgobernador de Luisiana, tiene posibilidades de ganar. De La Rose quiere explicar esta situación con un ejemplo, y de manera compulsiva empieza a sacar de un cajón fotografías en blanco y negro.

«¿Cuántos blancos ve en esta foto? —pregunta mostrando una imagen de su infancia con un grupo escolar de 80 niños—. El único blanco es el profesor. No sé qué pasará con nosotros. Sólo le digo que esta ciudad ha sido y será de mayoría negra. Y nadie nos sacará de aquí. Así que mis hermanos y yo volveremos a votar por un negro.»

## Del *jazz* a la salsa

Casual o premeditada, la reestructuración etnográfica de Nueva Orleans incluye a los hispanos y particularmente a los mexicanos, que han llegado en masa ante la demanda laboral.

En el nuevo perfil racial de la ciudad destaca el núcleo compuesto por este segmento de la población, que antes del huracán Katrina suponía apenas el tres por ciento y que actualmente alcanza el 25, según los estudios de la Universidad Brown.

«Nueva Orleans ya no es la ciudad chocolate. Ahora es café con leche —dice con una sonora carcajada Delfino Martínez Reyes, originario del estado de México, mientras carga con unas tejas para reparar el techo de Bewitched, un local de *streep-tease* de la calle Bourbon—. Los morenos [afroamericanos] están celosos porque dicen que les quitamos el trabajo, pero nosotros no tenemos la culpa de que a ellos no les guste trabajar. Nosotros no nos metemos con nadie, vamos del trabajo a la casa, sólo queremos un mejor porvenir para la familia, y aquí hay chamba para todos.»

Y es que la competencia laboral empieza a generar roces raciales. El presidente Bush decretó una amnistía de seis meses para que los empleadores contrataran indocumentados. Los hispanos son muy apreciados por los patrones: «Los prefiero porque son muy buenos trabajadores; no me importa que los afroamericanos se enojen; yo voy a seguir contratándolos porque trabajan duro y mejor. Lo siento, pero soy honesto», dice el contratista Mike Bechtel, que diariamente busca por las calles del centro de la ciudad a los trabajadores hispanos, a quienes paga entre 10 y 15 dólares la hora.

Desde hace seis meses se calcula que han llegado más de 50 000 mexicanos, aunque no existen estadísticas y tampoco hay consulado; la zona corresponde al de Houston, Texas.

Los mexicanos se enfrentan al problema de la vivienda; muchos han tenido que pasar las noches debajo de los puentes, en tiendas de campaña en la zona del City Park, en las casas que están reconstruyendo, o bien, hacinados en departamentos de Nueva Orleans Este o del barrio de Kenner, un vecindario con mayoría latina donde abundan las casas remolque entregadas por FEMA y que algunos han aprovechado para alquilar.

Actualmente viven casi 100 000 personas en este tipo de viviendas, y otras 5 000 esperan una. Al lado de este vecindario están los barrios de interés social conocidos como *projects*, habitados por mayoría afroamericana. «Allí hay asesinatos, drogas, robos, violaciones… son zonas muy peligrosas —dice la colombiana Elizabeth Shiple, que desde hace diez años vive en el barrio de Kenner—. Se va oír feo lo que voy a decir, pero a veces el Señor hace limpias y se lleva lo malo; por eso dicen que Katrina arrasó con el Lower Ninth Ward. Ésta es la mejor oportunidad para hacer algo nuevo en esa zona.»

La predicación religiosa abunda en la Nueva Orleans post-Katrina. Los bautistas capitalizan la tragedia y reparten pequeños trípticos entre la población hispana, a quien advierten, en su afán proselitista, sobre los «castigos divinos». «¿Estás preparado para los huracanes, tornados, terremotos, inundaciones o tsunamis?», dice de entrada la propaganda.

«Es que Dios no tuvo la culpa de lo que pasó con Katrina. Si hubiera querido desaparecer barrios, habría borrado del mapa Bourbon Street, una calle llena de perdición y pecadores —dice Ben Bloss, de la organización evangélica Youth with a Mission—. Nuestro mensaje está dirigido en contra de la rivalidad entre afroamericanos y latinos. En definitiva, los negros ya no pueden vivir aquí sólo por una cuestión financiera. No es que nadie los esté echando.»

Los trabajos más duros de la reconstrucción han recaído en hombros de los hispanos. Entre los balcones de hierro forjado del French Quarter se ve fácilmente a los trabajadores mexicanos. «Ya no hay tanto trabajo como al principio porque han venido un chingo de mexicanos. No me gusta que digan que nosotros estamos desplazando a los morenos, ¿me entiende? Que la mayoría de nosotros no queremos quedarnos. Cuando se acabe el trabajo nos vamos. Somos trabajadores ambulantes; seguimos a los huracanes» —dice con una amplia sonrisa José Isabel Soto, originario de Durango, quien llegó a esta ciudad hace cuatro meses—. Un compadre me ha dicho que en Minnesota cayó granizo y tal vez nos vayamos para allá, pero ahorita hay mucha nieve allá y nos la estamos pensando.»

Parte de esta nueva población es una migración nómada que recorre el país en busca de alta demanda y mejores salarios. La mayoría suele trabajar 16 horas diarias y muchos sufren los típicos abusos laborales como consecuencia de su irregular situación migratoria. «Éramos casi 500 trabajadores y durante cinco semanas estuvimos reparando escuelas. Al final, el patrón se fue y no nos pagó a nadie. A mí me quedó debiendo 7 000 dólares. Es una desgracia, pero ¿qué le hacemos? No hay nadie que nos proteja», dice Olegario Bedoya, originario de Acapulco.

Acompañado por su hijo Omar, de 22 años, que acaba de llegar tras una larga travesía por el desierto de Arizona y mediante el pago de 2 800 dólares al «pollero» que por fin lo llevó a Nueva Orleans. Bedoya dice que todos los días se va muy temprano a las tiendas Home Depot o Lowes para esperar a los contratistas. «Es un albur —dice—. Nunca se sabe si al final del día nos van a pagar. Esto es la ley de la selva.»

Desde Florida, América Rosales decidió venirse hace seis meses, al serle ofrecido un contrato por la empresa Cotton, especializada en limpieza de hoteles. «La primera semana simplemente nos dijeron que no nos iban a pagar —cuenta—. Y allí se fueron mis 900 dólares. Lo bueno es que desde entonces no me ha faltado trabajo.»

Deisy López, de Campeche, tiene apenas tres días de haber llegado, pero se muestra ilusionada: «Es una ciudad donde te pagan hasta 15 dólares la hora. Eso es lo que me hizo venirme con mi papá y mi hermano. Si nos va bien, nos quedamos.»

Nueva Orleans se ha convertido en un laboratorio donde puede observarse el abuso laboral contra los inmigrantes. El Centro Legal contra la Pobreza del Sur denunció cómo las empresas y contratistas han explotado a los inmigrantes que contribuyeron a la reconstrucción de la ciudad. «Una nueva tragedia está sucediendo en Nueva Orleans. Inmigrantes que hacen durísimos trabajos de limpieza son explotados sin escrúpulos por grandes compañías que se esconden detrás de subcontratistas que les llenan los bolsillos», dice un comunicado.

Esta organización de derechos humanos interpuso dos denuncias, una de ellas contra Belfor USA Group Inc., empresa que obliga a los trabajadores a laborar más de 12 horas al día, siete días a la semana y sin pago de horas extras. La empresa exigía a los trabajadores sacar escombros en zonas contaminadas sin el equipo necesario.

Muchos trabajadores fueron contratados por varias semanas sin recibir pago alguno por sus servicios; de ahí que el centro denunciara también a la empresa LVI Enviromental Services Inc. por negarse a pagar salarios que adeuda a decenas de inmigrantes.

## DESTERRADOS SEXUALES DE MÉXICO

Perseguidos por su orientación sexual, los homosexuales en México sufren rechazo, torturas, violaciones, insultos, amenazas, persecuciones y asesinatos, una situación límite que los obliga a exiliarse y buscar «asilo político» por su identidad sexual en Estados Unidos.

Cada año decenas de *gays*, lesbianas, travestis y transexuales mexicanos se suman a la larga lista de «desterrados sexuales». El largo periplo de regularización de su residencia legal en el país es doloroso, lento, costoso y, en ocasiones, sin ninguna garantía de éxito. Cuando después de diez o quince años consiguen su estatus de refugiados, es bajo la condición de no volver a su país de origen, donde persiste el riesgo para sus vidas.

La nostalgia, la tristeza y la depresión en ocasiones los llevan al suicidio; otros deciden salir adelante enfrentándose a una nueva vida, asumiendo su sexualidad y un nuevo modelo de familia bajo la tolerancia y la diversidad, en un ambiente más abierto, que les permite desarrollar todas sus potencialidades profesionales y personales.

México, donde ocurren tres muertes por homofobia al mes, es un referente de miedo para ellos y representa el sueño inalcanzable de convivencia, aunque siguen suspirando por volver a su «tierra querida». Es el país que los expulsa, los niega y los olvida.

Ante la Jornada Mundial de Lucha contra la Homofobia, que se celebra el 17 de mayo, tres trasterrados por razones de orientación sexual, residentes en el área de la bahía de San Francisco, exponen su historia.

## DAVID Y MARÍA

David Rey Moreno Sánchez tiene 39 años y vive en Redwood City, ciudad situada a 30 kilómetros de San Francisco. Está sentado en el jardín de la biblioteca municipal, donde pasa largas horas dedicado a la lectura. «Ésta ha sido mi segunda casa», dice.

Originario de Apatzingán, Michoacán, David descubrió que era homosexual desde los cinco años: «A mí nunca me gustaron los carritos ni me interesaba el futbol; me gustaban las muñecas y siempre quería jugar a las comadritas, donde yo era la mamá. Yo nunca quería ser el papá; si no, no jugaba.»

Viste pantalones vaqueros, una chaqueta café, gorra de beisbol azul marino y sandalias. Mueve las manos de manera femenina. Sus pestañas tienen restos de rímel y lleva aretes de brillantes. «Los homosexuales han hecho mucho por la sociedad, aunque no nos lo reconocen», agrega.

La primera agresión que sufrió vino de parte de su familia. Su hermano mayor, Arturo, le propinaba regularmente largas palizas para que se le quitara «lo puto». «Aquí tengo una marca de una mordida que me dio. Lo que es la ignorancia: pensaban que a fuerza de golpes iba a cambiar. Mis cuatro hermanos nunca me aceptaron; las únicas que me quisieron como soy fueron mi mamá y mi hermana Isabel, que es mi segunda madre. Mis padres son divorciados, pero un día mi papá le preguntó a un doctor si no había alguna inyección para que se me quitara lo joto, porque decía que yo era "rarito". La ignorancia total… nunca tuve un cariño paterno.»

Luego, a los 13 años, empezaron las detenciones arbitrarias de la policía: «Me tenían señalado y donde me veían me montaban en la patrulla. Luego me obligaban a hacerles sexo oral y después me violaban. El comandante me seguía, y como yo no le hacía caso, un día me ofreció un aventón y yo acepté. Me llevó a las afueras de la ciudad, hacia un cerro. Allí me violó y luego me tiró. ¡Fue tan inhumano! Es de esos que no aceptan que les gustan los homosexuales, como tantos hombres mexicanos. Muchas veces fui violado salvajemente. Un día un hombre —no quiero acordarme de cómo se llama— me tuvo cautivo desde las diez de la noche hasta las siete de la mañana con un cuchillo. Yo le dije: "Accedo a lo que quieras, pero por favor no me hagas daño". Hizo de mí lo que quiso. Aquí tengo las marcas», dice mostrando las cicatrices.

David llegó a Estados Unidos en 1979, pero apenas el año pasado tuvo una audiencia de asilo político en la Corte de Inmigración en San Francisco. El juez Tue Phan-Quan aceptó su caso y determinó que puede residir y trabajar legalmente en Estados Unidos, bajo la condición de no regresar a México en tanto no cambien las circunstancias que lo obligaron a convertirse en refugiado por motivos de orientación sexual.

«Ser *gay* y vivir en México es incompatible. Gracias a Dios yo me vine para acá. Aquí hay discriminación, pero no tanta como allá. Pobrecitos los *gays* que viven allá; la discriminación y persecución es tremenda. Es por la religión y la ignorancia. El catolicismo siempre ha dicho que los homosexuales no somos bien vistos, y la gente conservadora es mucha; más ahora con el gobierno de Fox, que son más conservadores que nada. Es lo peor. Los *gays* en México pueden vivir, pero al margen, sometidos, sin dignidad y como ellos quieren. Siempre a los *gays* nos comparan con lo peor. Nosotros queremos sobresalir, pero la sociedad no nos deja y nos vamos al fango, donde más nos aceptan.

»Mi mamá miraba mis reacciones y sabía que en México era muy difícil ser homosexual. Por eso mi hermana me trajo acá. Allá sufría rechazo, burlas y violencia. En México ser hombre con otras tendencias, y medio amanerado, es muy peligroso. Allí el machismo lo controla todo, te pueden incluso matar.»

Cuenta que desde que estaba en la escuela primaria padeció los embates de la intolerancia social: «Yo soy hombre, pero no soy igual que todos; no me aceptan los hombres, y tampoco las mujeres. Entonces me marginaba yo solo y prefería estar apartado. Me dedicaba más al dibujo. Hay maestras que me mostraban cierto rechazo; yo miraba el trato hacia unos niños y hacia mí, y era muy distinto; entonces supe lo que era la homofobia.»

Fue en Estados Unidos donde definitivamente David pudo vivir el travestismo sin problemas. De día, David trabaja en una ensambladora de coches. Allí convive con sus compañeros con base en el respeto, pero de noche, cuando termina con sus obligaciones laborales, necesita un deshago y es cuando surge «María», su otro yo.

«Cuando me pongo los tacones dejo de ser David y me convieirto en María —dice con una ancha sonrisa—. Yo vivo cada día como si fuera el último día de mi vida.»

—¿Cómo se siente mejor, como María o como David?

—Si nos aceptaran totalmente con nuestras virtudes y defectos, como María; pero aunque ande vestida de mujer no me van a aceptar. *So* [entonces], en el papel de David me siento bien, más aceptado. Cuando soy María ando a la expectativa de que digan "es mujer" y después sepan que no lo soy y me den un golpe; por eso no acepto que me lleven en coche.

David visita los bares mexicanos de Redwood City, una ciudad con 70 por ciento de población mexicana. «A pesar de todo me sigo relacionando con hombres mexicanos; como aquí vivo, me arriesgo. Me tengo que divertir porque trabajo cinco días a la semana y es muy duro.»

Tras un tratamiento hormonal, María se sometió a una operación de busto. «Ahora soy 36B. Cuando soy David la gente me dice "¿donde las tienes?", y les digo que muy guardadas. De María uso un Wonder-bra porque me gusta vestirme bien, no ir a lo vulgar. Quiero verme bien desde la zaptilla hasta arriba. El escote me gusta mucho, discreto pero atractivo, *sexy*.»

María viste de manera ceñida. Usa una camiseta con escote y luce un cuidado maquillaje que realza sus facciones. Lleva recogido el cabello con una media cola. Toma con medida y juega al billar. «Llego y lo típico: me siento en la barra, pido mi cerveza y después las demás cervezas llegan de los parroquianos, porque me invitan. No me gustan las drogas.»

— ¿Ha pensado en operarse para cambiar de sexo?

—No me quiero operar, no quiero estar cercenado, es algo mío. He sabido de amiguitas que se han operado y no son felices. Es como si de la noche a la mañana te cortaran la mano. Es un trauma; por eso aquí tienes que estar dos años en tratamiento psicológico y aun así algunos no lo soportan.

Para conservarse esbelta, María tiene un programa de ejercicios físicos y lleva una dieta balanceada de frutas y verduras. «Me visto de mujer porque me gusta. Yo tengo un lado femenino, y así me siento feliz. Acá soy más libre.»

—Cuando se va con alguien en la noche, ¿no le da miedo de que le hagan algo?

—Sí, pero no soy promiscuo. Soy cauteloso. El sexo es sexo, pero prefiero mil veces una amistad que una mala experiencia. Aquí también matan a homosexuales, como el asesino de Milwaukee que mataba *gays*. Aquí también he sufrido maltrato, más en los bares mexicanos. Este dedo lo tengo quebrado y la nariz quebrada. Cuando te ven vestido de mujer te golpean, porque no aceptan lo que somos.

Los peores recuerdos que David guarda de su tierra natal son los relacionados con los abusos policiales: «Fue lo peor, sufrí muchas cosas. Me trataban con la punta del pie, como si no fuera humano. Estuve remitido en la penitenciaría cuatro veces, sin haber cometido ningún delito. Mi mamá un día me dijo: "M'hijo, ya no alcanzó para las multas." Me detenían lo que se dice vulgarmente "por joto", por el hecho de ser afeminado y andar con mis amigos. Ni fumábamos, ni tomábamos, ni delinquíamos; simplemente nos divertíamos sanamente. Pero a la policía no le parecía bien. Ellos abusan sexual y psicológicamente de uno. Si quería salir, me obligaban a hacer sexo oral y anal. La situación en México no se va a arreglar ahora ni en cien años.»

Desde hace 14 años no ha vuelto a México. «No puedo ir, ni quiero. Estoy tan desilusionado. Inclusive mi mama murió y no fui. Me duele sentirme exiliado; son mis raíces y allí tengo parte de mi infancia. Me duele. Soy un desterrado en una tierra que no es mía. Vivo con una cultura que no me pertenece. Tengo sobrinos que no conozco y quisiera verlos, pero no se puede: allá la situación es intolerable.

»La religión católica es la que nos ha jodido. Yo creo en Dios; debemos creer en Dios. No creo en el Vaticano. Abandoné eso por el rechazo hacia uno. Y les dije "quédense con su iglesia". Hace diez años me convertí al judaísmo. No voy a la sinagoga, pero sí lo llevo a cabo, porque Dios está en todos lados; no es necesario ir a hincarse, llámese mezquita, sinagoga o iglesia. Al principio me culpabilizaron; para mí todo era pecado. Yo era muy seguidor, pero después crecí, miré las atrocidades del Vaticano, como la pedofilia, y me alejé.»

David cuenta que un sacerdote abusó de él: «Mi madre se estaba muriendo en el hospital y fui a la iglesia a orar y un sacerdote me llevó a la sacristía, donde abusó de mí; luego me dijo que no era malo, que era normal. Le dicen a uno que no es malo en silencio, pero cuando están en el púlpito bien que dicen que la homosexualidad está prohibida.»

Convencido de que la figura de «asilo político» por orientación sexual es necesaria, David quiere convertirse en activista social para ayudar a su gente: «Necesitamos el asilo porque venimos de países intolerantes. Somos personas que queremos vivir bien. Si en México no hubiera tanta intolerancia, ahorita yo sería un abogado exitoso, porque soy muy inteligente y quise estudiar, pero allá no nos dejan realizarnos.»

—¿Ha pagado un precio muy alto?

—Principalmente el de haber renunciado a mis sueños.

—¿Nunca es tarde?

—Sí, pero yo quería allá y ya no se va a poder. Aquí la vida es muy materialista. Se hace uno así, vamos al punto de comprar teléfono celular, reloj, carro, casa. Soy un extranjero y voy a serlo siempre. Nos tocó la de perder. ¡Ni modo!

## PAULA Y MARTHA

Paula Gabriela Ibarra conoció a Martha Rendón cuando ambas tenían 13 años y estudiaban la secundaria en Sinaloa. A escondidas iniciaron una relación sin saber muy bien qué iba a ser dé su destino. Pronto se dieron cuenta de que el rechazo de la gente las afectaba a tal grado, que preferían ocultarse de la sociedad y de sus respectivas familias, a cambio de sacrificar su libertad y su estabilidad emocional.

Martha fue la primera en tomar la decisión de venirse a Estados Unidos, y adoptó la ciudadanía estadounidense de manera inmediata gracias a su familia. Paula acudió a su encuentro esperando conseguir asilo político, un proceso que se prolongó durante años sin éxito, hasta que las autoridades estadounidenses decidieron colocarle un brazalete de seguridad en un pie para mantenerla monitoreada y finalmente la deportaron.

Paula no se dio por vencida. Volvió y luego de 16 años de residencia en Estados Unidos, se encuentra nuevamente en proceso de asilo político por su orientación sexual. Están registradas como pareja de hecho y reciben incontables beneficios que el Estado les otorga. Paula se embarazó por inseminación artificial y ahora tienen dos hijos: Christopher, de cuatro años, y Mathew, de un año y medio.

Los cuatro están sentados en el salón de su casa, en Hayward, una ciudad ubicada a 60 kilómetros de San Francisco. Forman un modelo de «familia alternativa» y dicen sentirse felices. «Allá no hay vida para nosotras —dice Paula—. Cuando vivíamos en México nadie sabía, andábamos a escondidas. Llevamos 19 años de relación y apenas se lo hemos confesado a nuestras familias. Nos dimos a conocer desde que nacieron los niños. Aquí somos normales.»

Martha añade: «En Sinaloa nos hacían el fuchi, incluso nuestras familias. Todavía es difícil para mis padres aceptar. Los mexicanos son muy cerrados, y más cuando son originarios de un pueblo. Allá no se aceptan todavía las relaciones entre homosexuales y lesbianas, y nosotras tenemos nuestros hijos. Allá no podríamos vivir en paz. No entienden que una mujer con otra mujer pueden sacar adelante a sus hijos.»

Paula trabaja en un supermercado y prefiere ser discreta con sus compañeros sobre su estatus sexual: «En mi trabajo no todas las personas saben. A veces la gente no está preparada, y para evitarme desprecios o malas caras o discriminación mejor no digo nada, a menos que pueda confiar. No soy tan abierta.»

Durante la entrevista, evita en todo momento utilizar la palabra lesbiana: «Yo no me considero completamente "eso" porque yo no siento atracción por las mujeres. A mí me gustan los hombres; nomás estoy con ella porque ella me convenció. Como estábamos niñas y fue mi primera experiencia, y la última, pues aquí estoy con ella. Nunca he estado con nadie más.»

Comenta que en México le sería imposible llevar una vida como la que tiene en Estados Unidos: «Aquí son menos los problemas porque se siente una más libre. La gente no se mete con una y se cuenta con más apoyo del gobierno.»

127

Señala que cuando se hizo la inseminación artificial nadie cuestionó su condición sexual: «Primero me mandaron con un consejero y después me hicieron todos los estudios. No me cuestionaron nada, pero yo les dije que ella era mi pareja. Cuando pienso qué habría sido de nosotras si viviéramos en México, me doy cuenta de que sencillamente no habría sido posible.»

Sus padres han aceptado perfectamente su situación y las visitan regularmente: «Nunca tuve problemas por eso. Ellos vienen para acá y ven la manera como una se trata. Me respetan. Solos se dieron cuenta, sin necesidad de cuestionarme y sin que yo les dijera nada.»

Paula ha gastado mucho dinero en la regularización de su residencia. El primer abogado no llevó correctamente su proceso: «Ahora estoy sufriendo las consecuencias. He vuelto a empezar desde cero. Y estamos peleando para reabrir mi caso. Me quiero quedar porque aquí mis hijos pueden tener mejores oportunidades y porque aquí vamos a vivir mejor.»

Christopher llama «mamá» a las dos y dice con entusiasmo: «Yo tengo dos mamis. No tengo papá.»

—¿Cree que ellos necesitan una figura paterna? —se le pregunta a Paula.

—¿Para qué? A veces los papás no están con ellos. Y aquí es diferente: nos tienen a las dos. Ambos son felices porque así han crecido. Es una vida normal, igual que las de otras parejas. Espero que algún día toda la gente lo pueda entender. Entre las dos hemos salido adelante, bien y mal; mal y bien, pero allí vamos, como cualquier otra pareja.

Martha muestra un cuadro del papa Juan Pablo II junto a la Virgen de Guadalupe y el altar que le tienen a la patrona de los mexicanos: «La Virgencita nos cuida. No estamos cometiendo ningún pecado. Nos amamos. Eso es lo más importante y Dios nos quiere a todos igual. Vamos a salir adelante y a luchar por nosotras y por nuestros hijos. Los niños no tienen la culpa de nada.»

## LAURA

Hace 17 años, Laura Hernández Romo llegó a Estados Unidos. Originaria de San Juan de los Lagos, Jalisco, su vida en México está llena de acontecimientos dramáticos. Perdió a su madre cuando tenía sólo seis años. A los ocho, un sacerdote la violó, delito que quedó impune porque ella prefirió guardar silencio ante su abuela. «Ella era una mujer muy devota y seguramente no me habría creído», dice con tristeza.

Desde pequeña se dio cuenta de que le gustaban las niñas, inclinación que reprimió ante el temor de la incomprensión. A los doce años llegó a Oakland, una ciudad que se encuentra al otro lado de la bahía de San Francisco. Por presiones familiares y sociales decidió «juntarse» con un chico mexicano cuando tenía 19 años. Fue madre de dos hijos: Mario, hoy de diez años, y Adán, de cinco, y pronto comprendió que sus preferencias sexuales no iban a cambiar a pesar del matrimonio: «Quería que me vieran "normal". No quise aceptar lo que era. Desde chica tuve ese lado, pero por miedo a la gente no dije nada. Cuando estaba con él, yo me salía en las noches y él lo sabía. A veces no volvía. Era obvio que no era feliz.»

Laura conoció a su primera pareja homosexual a los 14 años, pero siguió manteniendo una doble vida, hasta que un día simplemente no volvió al hogar conyugal: «Dejé de ir a la casa; había días que me quedaba a dormir en un hotel y otras veces con mi pareja en ese entonces. No quería volver, pero quería estar con mis hijos. Siempre me atrajeron las mujeres, desde niña.»

Tiene dificultades para hablar, dice que no sabe desde cuándo, pero cree que su tartamudez se debe a una experiencia traumática: «No sé bien por qué tengo problemas para hablar. Desde chica padezco este problema, y como mis hermanos no se criaron conmigo, yo no sé nada de mi infancia.»

Empezó sus trámites de asilo político en 1992 y apenas el año pasado consiguió su condición de refugiada. Se hizo cargo de sus hijos. Y actualmente trabaja de repartidora en una panadería donde le pagan a 13 dólares la hora. Considera que su relación heterosexual no fue un error: «Allí están mis niños y eso es una bendición.»

Hace cinco años conoció a Arlet, una chica de Cuernavaca con la que actualmente vive al lado de sus dos hijos, aunque a veces sigue padeciendo depresiones: «Siento como tristeza y no sé por qué. No sé si tiene que ver con mi opción sexual, la vida o mi historia…»

Añade: «Creo que en México me sentiría perseguida. Allí nos falta mucho por andar. Y además está el machismo. Los hombres dicen que las mujeres son para los hombres y que no está bien que dos mujeres tengan relaciones.»

—¿Teme ser discriminada o perseguida?

—Estoy segura de que allí no podríamos vivir como aquí. Por ejemplo, tengo un primo que es *gay* y no lo ve bien ni su familia. Le hacen burla. Yo sufriría la misma situación.

Dice que desconoce la situación de las lesbianas mexicanas, porque ella no había «salido del clóset» cuando era niña y vivía en México: «Cuando vuelva tomaré mis precauciones y sencillamente no voy a decir que soy lesbiana. Allí es mejor no salir del clóset. No lo entienden porque son ignorantes. Y no saben que no hay que meterse con los demás.»

Rechaza contraer matrimonio porque dice que no tendría ningún valor legal: «Además, siento que no tenemos derecho, porque el matrimonio debe ser entre un hombre y una mujer, no entre dos hombres o dos mujeres. Lo más importante es el amor, no un papel.

»Tampoco creo en la Iglesia —dice mientras sus palabras se vuelven ininteligibles debido al tartamudeo—. Fue por un caso que me pasó. Un padre estuvo abusando de mí. Desde entonces no creo en la Iglesia. No me acuerdo de cómo se llamaba, pero recuerdo muy bien lo que me hizo. Las confesiones eran los viernes. Todos se confesaban desde la rendijita del confesionario, pero a mí me ponía enfrente para tocarme. Luego me llevaba a la sacristía y allí me penetraba.»

Y concluye: «En Dios sí creo. No vivo en pecado porque no le estoy haciendo mal a nadie. Quiero seguir viviendo aquí, aunque tengo el sueño de volver a México para visitar la tumba de mi mamá. Seguramente ella no aprobaría mi vida. No creo que me aceptara.»

## LOS CONDENADOS A VIDA

En la vieja prisión de San Quintín, ubicada al norte de La Roca, pasando el puente Golden Gate de San Francisco, están recluidos decenas de hispanos junto a la mayoría de los 56 mexicanos que se encuentran en el corredor de la muerte de la cárcel más famosa de Estados Unidos.

San Quintín es la capital del ojo por ojo, con su cámara de gas, su silla eléctrica y la camilla donde un verdugo especializado administra a los condenados la triple inyección letal.

La «casa de la muerte», como también se le conoce, fue abierta en 1852 y cuenta con un sangriento historial de ejecuciones que empezó en 1938. La última fue la de Stephen Wayne Anderson, un convicto que dedicó sus años en el corredor de la muerte a escribir poesía. Un tribunal federal de California decidió frenar en el último minuto la ejecución de Kevin Cooper, contra la decisión del gobernador del estado, Arnold Schwarzenegger, que se negó a perdonarlo.

Por aquí han pasado Charles Manson, asesino de Sharon Tate, la esposa de Roman Polanski; Sirhan Sirhan, quien ejecutó al candidato presidencial Robert Kennedy, y el más reciente asesino en serie de Los Ángeles, el mexicano Richard Ramírez.

Sus amplios jardines y diminutas celdas han servido a Hollywood para inmortalizarla en películas con Clint Eastwood o Humprhey Bogart. Además, la vida de tortura y abuso de los derechos humanos que ofrece fue trasladada a la literatura por Jack London y al *rock* por Johnny Cash.

La máquina de matar funciona con precisión. Alrededor de 600 personas esperan su hora, entre ellas 31 mexicanos. Algunos agonizan en el patíbulo desde hace más de 20 años. Desde 1976 han sido ejecutados cinco mexicanos: Ramón Montoya, Irineo Tiritan Montoya, Mario Murphy, Miguel Ángel Flores y Javier Suárez Medina. El último, Osvaldo Torres Aguilera, será ejecutado el 18 de mayo en la prisión de McAlester, en Oklahoma.

El 70 por ciento de los estadounidenses apoya la pena de muerte, vigente en 38 de los 51 estados, y desde que se reinstauró, en 1976, se ha ejecutado a unas 4 500 personas y esperan en la antesala de la muerte un total de 3 700 presos.

Son las cifras de la infamia, a las que se añade el dato del racismo: 74 por ciento de los condenados a muerte pertenecen a las minorías. En California, 36 por ciento de los presos distribuidos en las 32 prisiones son hispanos, un número que crece frente al de los negros, que es de 29 por ciento.

El lugar tiene una hermosa panorámica de la bahía de San Francisco y la playa está a escasos metros de la prisión de San Quintín, un emplazamiento irónico, con capacidad para 6 000 internos, que no pueden disfrutar del paisaje.

Vernell Crittendon, funcionario de información pública de la prisión, le resta importancia y se esfuerza por presentar el lado «positivo» de todo lo referente a ella: «Reconozco que no es agradable vivir en el corredor de la muerte, pero ellos tienen que vivir con la culpa de haber robado la vida a otros seres humanos. Matar está muy mal; es una cosa muy mala y tienen que recibir su castigo. Ése es mi trabajo y ésa es la ley», comenta en defensa de la pena de muerte.

Para este funcionario, integrante de un equipo de 1 500 personas que trabajan en la prisión, el fallo de la Corte de la Haya en contra del gobierno de Estados Unidos por violar el derecho a la defensa de los 56 mexicanos condenados a muerte no tiene la menor importancia: «Muchos tienen deficiencias en sus defensas por abogados de oficio, y no por eso se van a cancelar sus condenas», dice mientras camina por uno de los grandes jardines del lugar.

La entrada a la prisión tiene dos controles de seguridad. En el último imprimen un número de tinta indeleble en la muñeca del visitante. Los patios adonde los reclusos salen durante el día son espaciosos y tienen cancha de tenis, beisbol y futbol. A los internos del corredor de la muerte no se les permite salir a las áreas comunes ni mezclarse con el resto de los reclusos. Sólo salen a pequeños patios bajo una estricta vigilancia.

Las altas bardas, cubiertas de espinos y torreones de ladrillo pintados de beis con techos de teja, encierran el drama de cientos de mexicanos. A la agonía de los condenados del corredor de la muerte se une la de los condenados «a vida», los llamados «vidales», presos que años después de cumplir su condena —a veces hasta 15— continúan en prisión porque la Junta de Evaluación del gobierno de California los considera todavía como «un peligro para la sociedad».

Sus casos muestran cómo en Estados Unidos la línea divisoria entre la libertad y la cárcel se centra en el dinero, el origen y la incompetencia de los abogados de oficio.

Todos son divorciados o abandonados; algunos han perdido familias e hijos y otros intentan rehacer su vida desde la cárcel, aunque desde hace algunos años la prisión prohibió a los «vidales» las visitas conyugales.

La violación de sus derechos humanos es cometida de manera flagrante por el sistema judicial estadounidense que truncó sus vidas, en algunos casos con defectos procesales y prejuicios raciales.

Muestra de este sistema imperfecto es Procopio Reyes, a quien condenaron a siete años «a vida» y lleva 20 en prisión. Originario del Distrito Federal, llegó hace 25 años a Estados Unidos con la ilusión del «sueño americano». Sus relaciones de amistad en ambientes poco recomendables lo llevaron al delito.

«Tengo 20 años en el sistema, digo, pues, en la cárcel. Cuando vine estaba joven todavía y por eso hice cosas que no estaban bien, pero cuando me di cuenta, ya era demasiado tarde. Estoy acusado de secuestro y robo a mano armada. Mi intención era sólo robar, pero hubo un secuestro», dice, mientras se quita la camisa para mostrar los tatuajes que le cubren el cuerpo: la Virgen de Guadalupe, el águila azteca, la catedral, Zapata…

—¿Tomó a una persona como rehén?

—A dos, pero en mi caso no hubo muerte. Nadie fue al hospital. Mi único error fue que yo moví a las personas en contra de su voluntad, por una pequeña distancia, y pues ni modo, aquí eso es un secuestro. No lastimé a nadie. Mi intención era hacer el *robbery*.

Añade: «Aquí es muy difícil la vida. Yo despierto por la mañana y acepto donde estoy, sé que estoy en la cárcel cumpliendo mi condena. Mi única salida ha sido la educación: agarré mi *gi di* [certificado] y estoy yendo al colegio. Antier terminé una clase de sociología, digo de biología. Me faltan como 20 puntos para tener mi título.

»También trabajo. Ya acabé mi educación de *machine shop*. Ya sé mucho inglés. Y pues nomás mi familia viene a visitarme. Yo pensé que tenía muchos amigos, pero se han desaparecido. Las únicas personas que han permanecido conmigo todo este tiempo son mis dos hermanas, mi mamá y mi hijo.»

—¿Y su esposa?

—Como puedes entender, era mucho tiempo para que me estuviera esperando y nos divorciamos. Se volvió a casar. Yo no tengo novia; sólo me escribo por correspondencia. He tenido la oportunidad de conocer mujeres, pero todo llega a un límite. Lo primero que me preguntan es cuándo voy a salir; entonces no es una relación normal. ¿Salir? Voy al *board* [la junta] en el mes de julio y espero que esta vez sí me den una fecha para salir. Llevo 18 años sin agarrar un escrito de disciplina; *I mean* [es decir], ya acabé y me gradué de tornero. Estoy agarrando clases de colegio: ética e historia americana.

Después de cumplir su condena, Procopio ha comparecido varias veces ante la Junta de Evaluación, conocida también como el *board* o «la tabla». «Ellos siempre se buscan algo para retenerme. De acuerdo a las mismas reglas de la ley, que es el Código 3041, me deben dejar libre, pero el juego que están jugando es que no me hallan elegible, hasta que ellos quieran. Pero tengo miedo de que, cuando me hallen elegible, me digan: *"I'm sorry,* te pasaste con 12 años." Es una cosa muy injusta. Habemos muchos "vidales" y ya nos deberíamos haber ido hace muchos años.»

—¿Y para qué quieren tener en la cárcel a tanta gente que ya cumplió su condena y debería estar fuera?

—Porque nosotros producimos dinero. Reciben dinero del gobierno federal y nosotros trabajamos, y mientras más personas estén aquí, más dinero reciben. Por eso está tan fuerte el sistema penitenciario. Es injusto que cierren escuelas si tienen millones para mantener a los presos de San Quintín.

El estado de California destina el 5.8 por ciento de su presupuesto a las prisiones, un total de 5 700 millones de dólares, y mantiene un gran aparato burocrático de casi 43 000 personas.

En el sistema capitalista por antonomasia, los presos forman parte de la cadena de producción, y las cárceles tienen convenios con diferentes empresas privadas para que los reclusos fabriquen sus productos: desde lencería de la famosa marca Victoria's Secret, hasta los paquetes de programas informáticos para Microsoft. Algunos de estos trabajadores no perciben sueldo alguno.

Isidro Romero, nacido en Puebla, lleva en la cárcel 22 años, seis más de lo que estipula su condena. Como explica: «Nosotros valemos dinero. Es una sentencia indeterminada; así es como trabajan aquí las leyes "a vida". En México es como cadena perpetua, algo así, pero aquí existe la posibilidad de salir, aunque yo no sé cuándo saldré. Yo ya cumplí, pero puedo seguir aquí todo el tiempo que ellos quieran; es así, "a vida", no sabes cuándo saldrás; puede uno morir aquí de viejo.»

Tiene cuatro hijos, ya casados, que viven en Orange County. «Mi mujer y yo nos dejamos hace mucho. Una persona como yo, ¿qué puede ofrecerle a una mujer?»

—¿A quién mató?

—A un paisano. Nos peleamos; no era riña. Fue en una fiesta, estábamos tomados, empezó la bronca y pasó lo que pasó: lo maté con una navaja. Mi intención no era matarlo, era simplemente pararlo. Pensé que le iba a pegar en el estómago. Estaba en el piso, levanté la mano y le metí la navaja. Por un minuto de locura... Son cosas que pasan y que ni piensas; cuando me di cuenta, ya estaba adentro.

Añade: «Aquí se enseña uno a sobrevivir. Es muy feo, pero ya ni modo. Yo trabajo. Estuve yendo a la escuela. Estuve en las vocacionales. Ahorita estoy de *clear* en la *dry cleaner*. La primera vez que fui a «la tabla», a eso que le dicen el *board*, donde determinan si me dejan salir de aquí, la primera vez que fui, me pidieron que hiciera vocacionales y fuera a la escuela. Todo lo que ellos me pidieron lo hice. Y me toca, otra vez más, ir en junio.»

Isidro tiene poca relación con su abogado de oficio, pero comprende, después de 22 años, lo que se juega: «La "tabla" es una reunión del panel. Ellos están puestos por el gobernador y vienen aquí para evaluarnos a los "de vida". Desde que entré no he tenido problemas con nadie. Todo mi *record* está limpio. Quiero salir, aunque me van echar pa' México y toda mi familia vive aquí. ¡No importa! Allá tengo primos y tíos y finalmente es mi tierra, la tierra de uno, ¿verdad?»

Javier Andrade tiene 25 años, es hijo de padres mexicanos, pero nació en Berkeley y corrió mejor suerte gracias a su abogado: «Le pegué con un martillo al amante de mi novia. No lo maté. Primero me quisieron dar 15 años, pero luego me dieron dos. Nomás le pegué con mis manos y lo mandé al hospital dos semanas. Es mi primera vez en la cárcel. Aquí la vida es muy dura. Tengo dos hijos y es muy duro para ellos también.»

Añade: «Lo único que hago es trabajar en la semana de las siete a las tres de la tarde. Voy a la escuela de las seis a las nueve de la mañana; hago ejercicio… En verdad hay muchas cosas que hacer aquí. A mí me van a dejar ir en enero. Que Dios me cuide y se me pasen rápido estos ocho meses.»

—¿Sus compañeros de prisión qué tal?

—Son muy mulos; viven enojados. Si los ves a la *face* se te vienen encima. Viven como callados, *so,* son como enojones. Hay mafias, pero no quiero saber nada, yo no hablo con nadie. Si viene alguien, yo me voy para otro lado; a mí no me gusta juntarme con nadie.

—¿Hay violaciones?

—Sí, a mí no me han hecho nada, pero sí hay, sobre todo con los del color naranja de la «recepción», «el hoyo». Allá hacen muchas travesuras. Siempre hay alguien pegando o metiéndole algo a alguien.

Chris Chávez, de Querétaro, tiene 34 años y desde hace cuatro vivía en Richmond City. Lleva dos años en San Quintín, y al preguntarle qué hizo simplemente contesta: «Violencia, una riña interiormente.» Agrega que le quedan un año y ocho meses.

«Llevo un bonito programa. A veces he estado a punto de meterme en problemas, pero con la mafia no me meto. Ésta es una «pinta» [prisión] sin problemas. Aquí pienso mejor las cosas, reflexiono mucho, sobre todo en programas como el de padres. Lo hice porque no sabía ni cómo educar a un hijo y me ayudó mucho. Cuando vuelva a México quiero dar lo mejor de mí y no seguir en las mismas… Siempre he sido creyente, pero no me acercaba a misa. Ahora sí voy a misa aquí, al programa de los jueves. Me han ayudado mucho señoras que vienen de fuera y platican sus bonitas experiencias.»

Los presos mexicanos suelen juntarse en la esquina izquierda del patio de la prisión. Luis Pérez es de Guadalajara y comenta que se dedica al muralismo, un trabajo que desde hace siete meses suspendió al ser arrestado por una falta que cometió anteriormente.

«Soy artista y danzante. Me ingresaron por una violación de *parole* [libertad condicional] que tenía pendiente de hacía 13 años. En ese entonces me encarcelaron nomás por una borrachera que tuve; fue un error, un accidente, siempre pasan cosas así… Ya mero me voy; sólo me quedan tres semanas. Luego me regresan; quiero volver para seguir danzando; tengo dos hijos.»

Orgulloso de sus raíces, ha aprendido a valorar su cultura desde la prisión: «Mi abuelo era azteca, azteca danzante. Yo también soy danzante azteca. Llevo 20 años metido en el círculo de danza y sigo la tradición. Yo represento a los mexicanos, conozco mi cultura y soy danzante azteca, hablo el náhuatle. Soy artista; desde muy chiquillo he sido así…

Luis sonríe de oreja a oreja y le brillan los ojos cuando tiene que hablar de las dificultades de la cárcel: «No hay problemas, se la pasa uno bien, aunque a nadie le gusta la cárcel. No hay racismo; en otras prisiones sí, pero aquí por lo menos no hay eso. Hay lugares donde a nosotros los mexicanos no nos quieren. Aquí todos somos delincuentes, no estamos aquí por buenos… Es lógico, ¿no?

Héctor Oropeza no habla español. Es hijo de padres mexicanos, pero nacido en California. Su condena fue de «10 años a vida» y lleva 13. «La junta no está haciendo su trabajo bien, ni el trabajo que se supone debe hacer para dejarnos libres. A mí ya me toca salir. ¡Es tan injusto!»

## EL DÍA A DÍA

Diariamente los que trabajan son despertados a las 4.30 de la mañana y trabajan hasta las tres de la tarde, hora en que se cierra el patio y todos deben volver a sus celdas para el recuento de las cuatro de la tarde. A partir de esa hora salen de su celda para cenar y el patio permanece abierto hasta las 8.30 de la noche. A las nueve todos deben estar de nuevo en sus celdas para esperar el otro día, que no difiere mucho del anterior.

Magdaleno Calvo Salgado es originario de San Juan de la Cruz, Guerrero, y lleva 20 años con una condena de 17: «Cuando voy a la *board* me dicen: "Sigue así de bien." Es todo, nunca me dicen cuándo voy a salir. A muchos no los dejan salir aunque hayan cumplido. Hay gente que lleva más de 30 años y no sale. En mis papeles dice que debí salir en el 96 como mínimo, y máximo 2004, pero eso no cuenta aquí.»

—¿Por qué está aquí?

—Yo traigo muerto. Maté a uno, pero mi juicio lo hicieron mal, porque en la corte yo no entendía lo que me estaban diciendo. Fue todo en inglés; me pusieron una señora para traducirme, pero se estaba durmiendo. El abogado era gabacho y me exigía que me declarara culpable porque, si no, me iban a dar pena de muerte, o vida sin salida.

—Y usted ya se siente listo para salir…

—Pues sí, yo ya me siento bien. En realidad fue una muerte accidental. Yo no quería matarlo. Le pegué un golpe con un palo y se murió. Estaba borracho, y con en palo con que él me había pegado primero, pues le pegué, pero en mi juicio el oficial dijo que era un martillo y eso es mentira. Y dondequiera me sacan el martillo, pero yo no usé eso…

Su vida cotidiana transcurre de la celda al trabajo: «Estamos comiendo bien, aunque no es muy buena la comida. Yo compro en tienda; trabajo en *dry clean*. Me dieron un diploma de lavandería. Y bueno, pues tengo otra ilusión. Me volví a casar, me casé con ella aquí en la cárcel. Es chilena; la conocí a través de un programa de radio. Escribí una carta y la leyeron allí. Ella y otras señoras me contestaron, y me decidí por ella. Ella vino y nos casaron aquí. Me viene a visitar, aunque no hay visita conyugal: nos la quitaron en el 96.

—¿No puede tocarla?

—Puedo darle un beso y abrazarla, pero nada más. A los demás, que no tienen condena «a vida», sí les dan visita conyugal, pero a los «vidales» no.

Como a todos los mexicanos, legales o ilegales, a Magdaleno lo deportarán. «Sí, pero yo creo que me voy a llevar a la chilena. Es mi esposa, ¿verdad? Con ella voy a vivir mi vida.»

A Alfredo Gutiérrez, de Tijuana, le dieron una condena de 15 años, pero lleva 20: «Yo estoy aquí por muerte, traigo 15 a vida. Yo ya cumplí, ya me pasé 5 años. Aquí nos tienen como presos políticos; ya no es por el crimen, sino por la política que tiene en Sacramento el gobernador Arnold Schwarzenegger.»

—¿Qué hizo?

—Maté al *boyfriend* de mi ex esposa. No me dejaban ver a mis tres hijos, me los tenían escondidos. Llevaba como un mes sin verlos y peleé con él y lo maté con un rifle. Él también traía pistola. Le di como tres o cuatro balazos de puro coraje. Fue en el este de Los Ángeles. Luego el abogado, un *public defender*, me ofreció el sistema de declararme culpable para no ir a juicio. No era bueno, pero no tenía dinero para contratar a un abogado. Me dijeron: «Si te portas bien, cumples ocho años de los 15 y te vas.» ¿Cuáles ocho? Ya llevo 20.

Sus hijos viven en el condado de San Bernardino y les habla por teléfono: «Mi ex mujer ya se casó; ahora somos amigos. Hablamos por los hijos, no hay problema. Sé que cuando salga me deportarán a México, pero yo ya tengo a dónde ir a vivir en Tijuana, y tengo ofertas de trabajo. Les enseño todo eso a los de la "tabla", pero nada. Cuando regrese a México, nunca jamás volveré a Estados Unidos. Aquí pura cárcel, puro castigo. Esto me ha servido de experiencia para portarme bien. Yo ya quiero seguir un buen camino, no andar por el malo.»

Añade: «Aquí la paso bien. Agarré mi estudio, y ya agarré mi *gi di* [certificado]. Me gradué de mecánico y ahorita llevo diez años trabajando en una tapicería de la industria de aquí. Todas las veces que voy a la *board* me dicen que sigo siendo un peligro para la sociedad. Y antes de ir a "la tabla" voy a entrevistarme con el psiquiatra para que hagan un informe, y ellos siempre me dicen que ya me puedo ir para mi casa, que tengo un *low degree* de violencia, pero los de "la tabla" no quieren dejarme ir.»

»Yo ya no pienso en violencia. No me he vuelto a casar, ¿pos pa' qué?. No les puedo ofrecer nada de aquí. Se me hace muy feo tener una mujer fuera y yo aquí sin saber hasta cuándo. Voy al programa de alcohólicos anónimos cada lunes, aunque no soy alcohólico, pero los de "la tabla" me piden que asista, ni modo.»

Juan Arévalo se apresura a dar su número de identificación carcelaria: C04938. Lo condenaron a 15 «a vida». «Estoy por cumplir 26 años y el *parole board* ya me dio dos fechas para las entrevistas, pero el gobernador Schwarzenegger me acaba de quitar la segunda. Todo el mundo dice que debo salir, pero nada, ellos dicen que no puedo salir por el crimen que cometí. El crimen ya no lo pueden usar por ley, pero lo hacen para que uno vaya perdiendo tiempo en las cortes.

—¿Es muy grave su delito?

—Tengo una víctima, no tengo ni una cosa rara, no mutilé el cuerpo, ni lo tiré a un río, ni nada por el estilo. Y me dicen que es una muerte terrible. Toda muerte es terrible, pero en mi caso es una muerte de segundo grado. Y entonces me he presentado ante «la tabla» once veces. Entré en el año 78 al sistema y once veces me han negado fecha. En el 2001 me dieron fecha para salir y el gobernador me la quitó.

»Todos los "vidales" estamos sufriendo una injusticia enorme. Yo debí haber salido el 17 de junio de 1991; es decir que he cumplido 13 años de más.»

En la misma situación se encuentra Eugenio Peña, identificado por el número H77082. Lleva preso 14 años, pero lo condenaron a 11 años a vida: «Llevo tres años de más. Voy a "la tabla" el 31 de mayo. Es mi segunda vez, aunque ya sé que me van a negar la libertad. Quieren que uno esté el doble de la condena que le dieron, o más. Estoy acusado de intento de asesinato de policías.»

Y cuenta su historia: «Yo disparé, pero no a ellos; ellos sí que me dispararon primero. Me dieron 45 balazos; me hirieron las dos rodillas y una oreja. A mi señora también, tres balazos, y al niño, de 42 días de nacido, de milagro no lo mataron. Yo estaba bien borracho en el apartamento y ellos llegaron buscando a un cuñado que vendía droga. Yo ya sabía que vendían drogas. Quebraron la puerta en la madrugada y yo agarré mi pistola y ellos me dispararon. Nomás me di vuelta por la alfombra y ni supe cómo salieron dos balazos de mi pistola.»

Uno de los presos más antiguos es José Ibarra, de 71 años, con 15 a vida, pero recluido 27: «Yo tengo un segundo grado de muerte. Pesqué a mi mujer con otro hombre, y dicen que la golpeé, pero no la golpeé; yo sólo le puse una cachetada, bueno, unas cachetadas, y se cayó al piso y se cortó con un vidrio o no sé con qué.»

Don José lleva a la espalda una red con la comida que acaba de comprar. «La policía dijo que la herida parecía de cuchillo, pero no es verdad. Dicen que le pegué con un sartén; el ruco que estaba con ella dice eso, pero yo no creo. Dicen que la maté, pero yo digo que no, porque la mujer murió en el hospital. Cuando la levantaron estaba viva y quería que fuera yo al hospital con ella. La herida no era profunda, no estaba muy pa' dentro; fue un arañazo. Por eso yo no creía que se muriera. Los doctores le cortaron para curarle la herida, pero se les murió, se les murió a ellos. Por Dios santo que yo no la golpeé. Yo nomás le puse unas cachetadas.»

Marcha y boicot, 1 de mayo de 2006.

Manifestantes, 1 de mayo de 2006.

Marchas en Los Ángeles, 25 de marzo de 2006.

Los letreros son más que elocuentes.

Protesta en Sacramento.

Escuelas vacías, 1 de mayo de 2006.

San Francisco, 1 de mayo de 2006.

Antonio Villarraigosa en la marcha de Los Ángeles, 25 de marzo de 2006.

Cazainmigrantes se reúnen con el gobernador Arnold Schwarzenegger en Sacramento, California, 30 de octubre de 2005.

El cazainmigrantes Jack Foote.
Foto tomada de la página web de los cazainmigrantes.

El cazainmigrantes Chris Simcox.
Foto tomada de la página web de los cazainmigrantes.

La cazainmigrantes
Carmen Mercer,
preparándose para realizar
sus actividades.

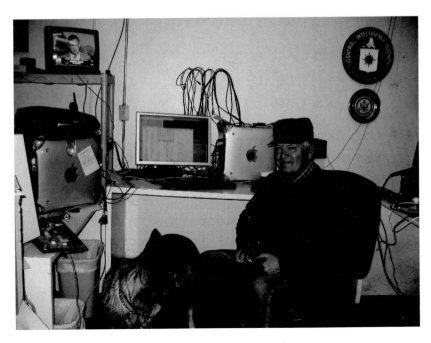

Glen Spencer, jefe de los cazainmigrantes.

Fotos distribuidas por los cazainmigrantes.

«Nos están invadiendo…»
«Tenemos que hacer algo ya».

La organización
cazainmigrantes Ranch
Rescue en acción.
Foto tomada de la página web
de los cazainmigrantes.

Fosa común de inmigrantes. Holtville, California.

Una gran parte de jóvenes latinos son reclutados con engaños
en las escuelas para formar parte de las fuerzas armadas.

Inmigrantes que cultivan tomate y espárragos
en los campos de Tracy, California.

El duro trabajo de los inmigrantes en los campos de Tracy, California.

Inmigrantes mexicanos trabajan cultivando flores. El calor y la humedad
de los invernaderos, aunados al frío clima de la ciudad, suelen ocasionarles
reumatismo y problemas respiratorios. Half Moon Bay, California.

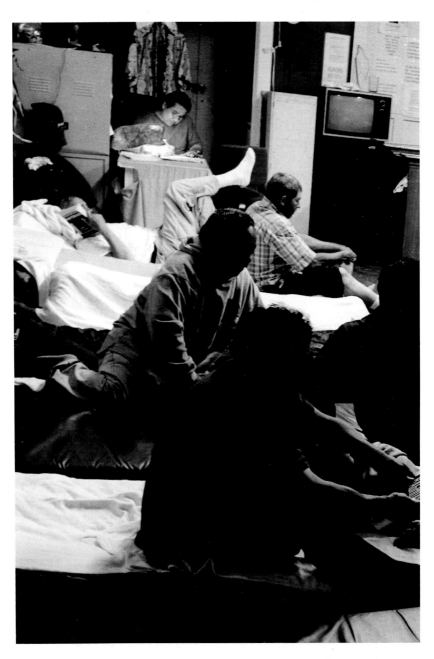

Jornaleros que viven hacinados por el alto costo de la vivienda.

Sergio Arau, director de *Un día sin mexicanos*, nunca se imaginó
que su película iba a convertirse en realidad.

Reconoce que su actividad delictiva lo llevó a la cárcel: «Andábamos en las drogas yo y ella. No estábamos casados. Llevábamos desde el 71 viviendo juntos, y nos juntábamos y nos separábamos. Así andábamos, hasta que la encontré en la cama con otro. Venía muy enojado y agarré una botella y se la quebré en la cabeza.»

Durante ocho años, don José ha asistido a las audiencias de la Junta de Evaluación, pero lo siguen considerando un peligro para la sociedad. «Ya perdí las esperanzas de salir libre —dice—. Yo no quiero que me hagan un favor; quiero que se vayan por lo que dice la ley. Si acaso ando yo, *you know*, provocando dificultades, pues sí, pero yo no me ando metiendo en problemas. ¿Usted cree que yo pueda ser un peligro para la sociedad? Eso es lo que dicen, pero yo hace años que no me meto en problemas.»

La calma que aparentemente tiene en sus palabras se transforma de repente en cólera: «Quiero salir de aquí. Diga que esos del gobierno de California son unos mentirosos, unos criminales que no tienen vergüenza, que esto es una injusticia…»

A Miguel Alba, de Michoacán, su madre no deja de repetirle que era mejor que nunca se hubiera venido a México. Lleva ocho años y dicen que lo condenaron sin pruebas y con un proceso lleno de irregularidades.

Al ingresar en la prisión lo confinaron a una sección de aislamiento: «Estuve en el hoyo dos meses por supuestamente golpear a un policía. Me acusó injustamente. Yo sólo le aventé un pedazo de fruta y él dijo que le aventé una manzana. Es duro el hoyo, es peor que "la línea"; allí se la pasa uno encerrado. Es un lugar de castigo. Y el corredor de la muerte es lo peor porque uno sabe que allí ya anda la muerte caminando.»

## Habitación de la muerte

Frente a los bien cuidados jardines de San Quintín se encuentra el corredor de la muerte, con alrededor de 600 internos confinados en módulos separados. Salen tan sólo unas horas al día a pequeños espacios, bajo vigilancia. Su rutina transcurre la mayor parte del tiempo en su pequeña celda.

Hay todo un equipo de profesionales que viven de la muerte, gente que de una u otra manera justifica la pena de muerte: médicos, carceleros, psicólogos, párrocos... El padre jesuita Steven Barber se negó a dar entrevista argumentando que no estaba autorizado.

El día a día de los condenados es un infierno, según cuenta Juan Arévalo, que estuvo confinado siete meses en «el hoyo»: «Es una vida de infierno, terrible. Es un lugar terrible. No nos dejaban salir si no era esposados. No salíamos de la celda 23 horas al día; solamente salíamos una hora cuando nos tocaba ir al baño o a la "yarda" [patio], y a veces no salíamos a la "yarda" en cuatro o cinco semanas porque utilizaban cualquier pretexto; que si hubo un pleito u otra cosa...

»Todo el día nos la pasamos en la celda volviéndonos locos. La gente se vuelve loca. He visto gente que se cuelga; se ponen locos y gritan toda la noche. Uno no puede dormir ni de día ni de noche porque el ruido es constante. Yo me hice unos tapones de pedazos de ropa para poder dormir un poco. La comida es poca; la ración es lo mínimo que se puede. Hay gente que lleva 25 años en el corredor e la muerte. Muchos mexicanos. Generalmente la gente no se cuenta sus cosas personales; el único intercambio que hay es de cosas: recibir un poco de café o tabaco. La gente allí está contenta con eso; si reciben una bolsa de papas fritas es como tener un *room* en el Gran Hotel.»

Y continúa: «La vida en la celda es tremenda. Nos daban un libro para toda la semana, un libro que te lo lees en una hora, y luego había que esperar otra semana, pero nos los cambiábamos. "Pescábamos", es decir, hacíamos una línea y ése es el medio de comunicación; por allí pasábamos un periódico o cualquier cosa que te diga que está pasando en el exterior. Allí nadie tiene reloj, así que no sabemos la hora. Uno aprende a saber la hora por la sombra del sol.»

Y concluye: «Es una cueva, un verdadero infierno, una muerte en vida. No sé como sobreviví siete meses en ese lugar. Cuando salí, estaba loco. Lo primero que hice fue pedir hablar con el capellán; me dijeron que lo llamara por teléfono y me daba miedo tocar el teléfono. Es una cosa tremenda; estaba "friqueado".»

En Estados Unidos las ejecuciones incluyen a personas que han perdido la razón. De hecho, cinco de los 56 condenados a muerte mexicanos son enfermos mentales. «En el corredor de la muerte hay locos, y les da por gritar todo el día —agrega Arévalo—. Cada grupo tiene su "yarda": los negros, los mexicanos, y yo estaba en el grupo integral. Muchos mueren: hace poco murió uno de viejo. Aquí los locos caminan entre nosotros. Ahora a los locos no se los llevan a un hospital psiquiátrico; los dejan aquí en la prisión. Cada celda es como un mundo distinto. En una celda puede estar un individuo que mató a 20 y en otra uno que mató sólo a uno.»

Arévalo recuerda a los «vidales»: «La pena de muerte no es peor que lo que nosotros padecemos aquí, que es vida sin posibilidad, vida sin salir; es estar aquí sin saber hasta cuándo, eso es lo peor, porque uno sabe que puede morir en este lugar; no importa cuándo, eso es más tortura que cualquier otra cosa. Ellos matan con la pluma, cuando firman, es como nos están matando, peor de lo que esperábamos. Nosotros somos verdaderos presos políticos; no me dejan salir porque significo dinero para ellos.»

Las condiciones de los condenados a muerte son deplorables. «Allí la tortura es más que nada emocional: el hecho de estar en un lugar encerrado las 24 horas del día. Allí uno no se puede quejar. Yo estuve enfermo y casi me muero; no nos daban atención médica. No se ve un sargento en semanas.»

Procopio Reyes coincide con él, ya que tuvo la oportunidad de ver sus condiciones cuando trabajaba allí llevando la comida: «Desgraciadamente hay presos que sí merecen estar allí, porque hay gente que ha hecho cosas terribles. Dejar que esa gente vuelva a salir no creo que sea bueno. Claro que algunos se lo merecen, pero otros desgraciadamente nomás no. Hay crímenes muy feos, y la verdad no debemos tener a esa gente en la sociedad.»

Comenta que nadie puede platicar con los del corredor: «No tenía contacto con ellos; yo sólo llevaba la comida y barría. Los guardias son los que dan la comida. Uno los mira pasar, pero cuando hacen *escort* uno se tiene que voltear para la pared. Los mira uno de vista nomás. Por ejemplo, me llamaba mucho la atención Richard Ramírez, el que andaba matando gente en Los Ángeles. Ése se metía a las casas y "rapeaba" [violaba] a las mujeres; a veces las mataba y a veces no. Luego también veía a Salcedo el de San José, que degolló a su hija, mató a su esposa, a la cuñada, a la suegra, a su patrón, con el que trabajaba… Son crímenes muy feos.»

—¿Y esos condenados a muerte no intentan suicidarse?

—Sí, su vida es muy dura porque tienen una celda como la de todos, muy pequeña: ocho pies por tres de ancho; pero para ellos es más duro porque nosotros los de acá podemos venir a la «yarda» a caminar; puedo ir a la escuela. *So* [por tanto], tengo una o varias opciones: ir a la escuela, quedarme en mi celda, caminar, escuchar la radio, hacer ejercicio, correr… Tengo la opción de que me dé el aire fresco, mientras que ellos no. Ellos salen solamente cuatro horas al día a un lugar pequeño, en secciones chicas y bajo estricta vigilancia.

—¿Y eso es todo lo que pueden hacer?

—Sí, eso. Hay condenados que no juegan en las «gangas» [pandillas], que ya se salieron. Por ejemplo, hay una «ganga» de Los Ángeles, sureños, y si no estás afiliado a ellos no te quieren en su «yarda». Hay otra «ganga» que se llama La Mafia Mexicana, que incluso está en muchas instituciones [prisiones]. Cuando los condenados salen de su celda, los celadores los llevan a su «yarda», esposados y vestidos nomás con *boxers,* y toda la ropa de pantalón, camisa y camiseta la llevan envuelta en una toalla atrás, y el guardia les va agarrando las esposas, hasta que sale uno a la «yarda».

Luis Pérez comenta que le gustaría hablar con ellos, pero que es imposible: «Los tienen muy aparte, ni en sueños los mira uno. Los tienen como demonios. Son criminales, pero yo pienso que ha de haber alguno que por algún apuro, algún coraje, haya matado a una mujer, a su esposa, y fue un solo error de vida que les costó caro. Me da tristeza por ellos, porque perdieron su oportunidad en la vida. Es la única que tenemos y ni modo, no la supieron aprovechar. Pobre gente, ya su ilusión se murió, su corazón se marchitó, ya no tienen esperanzas de nada. Hay algunos que llevan 30 o 40 años; es muy feo vivir así.»

149

Añade: «Puede haber unos que sí son muy criminales, pero otros fue sólo un momento de coraje y se desperdició su vida para siempre. Pero fíjese en una cosa: nadie debe quitarle la vida a nadie; nadie tiene el poder para dar sentencias de muerte. La pena de muerte nomás no. Todos los jueces que condenan a muerte no han de vivir en paz; seguro que su conciencia no los dejará en paz.»

—¿Usted cree que entre los condenados a muerte hay inocentes?

—No creo, allí no. Acá puede que «haiga» alguno que otro, pero todos estamos pagando un delito que cometimos, si no fue esta vez, en el pasado. Habemos gente como yo, que se calma; se enfada uno de la vida, de andar en las drogas, en los pleitos y se escapa uno y luego se calma. Pero como dicen en México, tenía cola que me pisaran, y es lo que estoy haciendo: pagando por algo de hace 13 años. Lo pago con gusto porque yo sé todo lo que hice antes. Acabaré de pagar y me voy a seguir una vida normal, de una persona cualquiera… normal, pues.

En sus 22 años en San Quintín, Isidro Romero también los ha visto: «Richard Ramírez, a ése lo miré una vez en la visita: pasó a dos metros de donde yo estaba, pero no tenemos contacto, no podemos hablar con ellos. Ellos no dilatan mucho en el corredor: cuando llegan a 12 o 13 años es cuando ya los ejecutan.»

Magdaleno Calvo Salgado reflexiona: «No es buena la pena de muerte, porque el que mata al preso también es un asesino. Yo sé que lo que hicieron es malo, y algunos hicieron cosas bien feas. Tampoco lo apruebo, como un gabacho que está allí, que violó y mató a una niña. Eso no está bien, pero tampoco merecen la muerte. Más bien que los dejen de por vida. Estar en la cárcel sí que es un castigo. Aunque tengamos comida y ropa, es un castigo, porque no tenemos la libertad. Eso sí que es un sufrimiento.»

## LOS SOLDADITOS DE BUSH

Lucen impecablemente el uniforme militar. Sus rostros infantiles no adquieren la seriedad del momento, pero se llevan la mano al pecho para repetir solemnemente la letanía patriótica que a su corta edad se les ha enseñado a través del programa militar Junior ROTC del Pentágono:

«Juro fidelidad a la bandera de los Estados Unidos de América y a la república que representa: una nación, bajo Dios, indivisible, con libertad y justicia para todos.» Silencio absoluto. La voz del comandante surge como un estruendo: «Firmes.» «¡Sí, señor!», contestan los mocetones reclutas. El grito de mando continúa: «¡Presenten armas! Flanco derecho. Marchen. Alto. Descansen. ¡Rompan filas!»

Son los estudiantes de la Sacramento High School, en la capital del estado de California, una de las 3 200 escuelas de enseñanza media del país donde los niños y niñas aprenden a marchar a partir de los 13 años, se les instruye en el manejo de armas, en la lectura logística de mapas, en el funcionamiento de un tanque y en las bondades del civismo, el patriotismo, el liderazgo y la disciplina.

El Pentágono ha informado que al iniciar la invasión de Irak había más de 122 500 hispanos en las fuerzas armadas, es decir, un total del 8.7 por ciento del personal militar. Estados Unidos no exige la ciudadanía para hacerse soldado. Y el ejército sólo les otorga ese derecho, de manera automática, cuando mueren.

Los militares hispanos se enfrentan a la dura realidad de que el gobierno estadounidense deporta a sus padres o hermanos indocumentados. No importa que estén dispuestos a dar la vida por el país; a cambio, sus familiares pueden ser expulsados.

A pesar de esto, el número de enlistados va en aumento. En 2005 creció hasta el 16.5 por ciento, comparado con el 13.5 por ciento de 2002 o el 11.7 por ciento de 1997, según datos de un estudio realizado por la empresa CNA Corp., con sede en Arlington, Virginia.

Y es que los soldaditos de la era de Bush, nacidos bajo la nueva ley No Child Left Behnid, rebautizada como «Ningún niño fuera del ejército», representan un signo más de la militarización de la sociedad estadounidense. La estrecha colaboración entre el Pentágono y la Secretaría de Educación ha dado por resultado que más de medio millón de niños y adolescentes reciban instrucción militar en sus escuelas a través del Junior Reserve Officer Training Corps de la Defensa Nacional, que incluye al ejército de tierra, la armada y la fuerza aérea.

La invasión de Irak y Afganistán ha provocado una grave crisis de personal en el Ejército estadounidense. El reclutamiento registra una baja histórica debido a que los aspirantes se ven disuadidos ante el conflicto bélico, y el Pentágono planea cerrar más de 180 bases militares y reagrupar instalaciones para ahorrarse 50 millones de dólares.

La carne de cañón escasea y por tanto, en diciembre de 2002, el Pentágono exigió a todas las escuelas de enseñanza media del país una lista completa de los estudiantes de entre 15 y 18 años con nombre, dirección, número de teléfono, dirección electrónica y demás datos personales «para ayudar a reclutar jóvenes que puedan defender a su país». La amenaza fue contundente: a las instituciones educativas que se nieguen a proporcionar datos se les retirará la financiación pública.

Dos años y medio después, 95 por ciento de los centros educativos del país han adoptado los programas de prerreclutamiento. La nueva sangre puberta de los bisoños cadetes ayudará en un futuro cercano a alimentar el despliegue de 150 000 militares en Irak y 120 000 en Afganistán. Ambos contingentes tendrán que irse renovando, ya que permanecerán en esos países por lo menos hasta 2009, año en el que concluye el segundo mandato del presidente Bush.

## JUGAR A LA GUERRA

«Son sólo unos niños aprendiendo las supuestas virtudes de la guerra», dice indignado Steve Morse, coordinador de la asociación Military out of our Schools (Fuera militares de nuestras escuelas), con sede en Oakland, una ciudad ubicada en la bahía de San Francisco, donde radica un alto índice de la población hispana y negra.

El aumento del número de reclutadores y la facilidad de acceso de los militares a las escuelas es algo que preocupa a los padres de familia, sobre todo porque, según Morse, el gobierno destinó este año un presupuesto de 4 000 millones de dólares a la defensa y los diversos programas de reclutamiento militar, que incluyen «la caza» de adolescentes y adultos en supermercados, cines, estadios y plazas.

Sin embargo, lo que más escandaliza a las organizaciones pacifistas y de derechos humanos es la aplicación de la llamada «ley Bush» (No Child Left Behind), por considerar que viola la intimidad de los ciudadanos. «Lo que está escondido en esa ley es un párrafo según el cual los reclutadores deben tener acceso a la información de todos los estudiantes desde hace dos años, a menos que sus padres firmen un papel negándose a entregar todos los datos personales. El problema es que mucha gente no sabe que existe esa posibilidad», explica Morse.

La ley prohíbe la instrucción militar de niños menores de 14 años, pero el programa Junior ROTC se presenta en las escuelas como destinado a «enseñar a los niños a ser buenos ciudadanos». Sin embargo, el contenido educativo consiste en que los chicos aprendan a cuadrarse con el saludo militar, hagan ejercicios de entrenamiento militar, estudien historia militar, usen uniforme militar y se conduzcan bajo una rígida disciplina militar, que no permite ninguna falla de aspecto ni descuido en las formas de «urbanidad» castrense.

«Nuestra misión es hacer mejores ciudadanos —se defiende el coronel Riushki Marsagoshi, coordinador del programa en la Oakland High School, ubicada en el bulevar McCarter, con 200 chicos a su cargo—. Les enseñamos liderazgo, comunicación, cursos de lectura de mapas. ¿Qué hay de malo en promover su servicio a la comunidad, en incentivar su sentido de responsabilidad, su carácter y su concepto de autodisciplina?»

Con 23 años de reclutador, dice que enseñan a los jóvenes a ser «cadetes líderes» para que ellos mismos ayuden al resto de sus compañeros: «El uso de armas no es obligatorio —agrega—. Algunas escuelas lo tienen y otras no. Cada escuela elige. Además, ingresar al ejército es voluntario; nosotros no obligamos a nadie. Sólo un pequeño porcentaje elige enrolarse.»

Las estadísticas demuestran lo contrario, según Oskar Castro, coordinador del programa Juventud y Militarismo de la organización American Friends Service Committee: «La mitad de los estudiantes que aprueban el programa terminan alistándose. Oficialmente se trata de un programa para hacer mejores ciudadanos, pero no es cierto, porque lo que hacen en realidad es preparar a las nuevas generaciones para que acepten a las fuerzas armadas sin cuestionar nada.»

Su organización se muestra en contra del avance de las fuerzas armadas en las escuelas y de lo que consideran la creación de un ejército de niños: «Antes los reclutadores no tenían ninguna oportunidad de entrar en las escuelas; ahora no solamente tienen el acceso físico, sino que se les permite obtener toda la información privada de los alumnos. Están creando soldados en las escuelas, ésa es la verdad.»

De los 4 000 millones de dólares destinados a la defensa, el programa Junior ROTC obtiene una partida anual de más de 250 millones. En ciudades con alto índice de población pobre, especialmente de hispanos y negros, los reclutadores venden el programa como una oportunidad de alejar a los chicos de las drogas o el pandillerismo.

«La mayoría de ellos piensan que están haciendo algo bueno —concluye Castro—. Los hacen creer que el militarismo está bien. Intentan acabar con la asociación negativa entre Ejército y Estados Unidos. Los niños terminan por pensar que están haciendo una cosa noble.»

## AFICIÓN BÉLICA

A sus 17 años, Juan Carlos Lara ya es comandante de grupo en la Sacramento High School. Lleva tres años en la unidad del Junior ROTC y tiene la «gran responsabilidad» de velar por la disciplina de su grupo. «Me gusta mucho este programa militar. Marchar es muy fácil. Hacemos ejercicio, nos dan historia militar, aprendemos a leer mapas, primeros auxilios y disciplina. Todo es muy bueno», comenta entusiasmado.

El curso de Junior ROTC equivale a la clase de educación física y a las 20 horas exigidas de servicio a la comunidad; ambos créditos lectivos son indispensables para graduarse de la preparatoria. Las reglas de aspecto personal son rígidas. Los cadetes no pueden meterse las manos en los bolsillos del uniforme, que siempre debe estar abotonado y llevarse con botas lustrosas. Las chicas pueden usar faldas hasta la rodilla, holgadas, sin que el cabello interfiera en la cara o en la gorra militar y sin usar maquillaje de colores que choquen con el uniforme: «Nos ayudan a convertirnos en líderes. Damos servicio a la comunidad; por ejemplo, acudimos a los asilos y les llevamos dulces a los ancianos o marchamos frente a los veteranos.»

Juan Carlos nació en Zamora, Michoacán. Llegó a California a los 11 años y le falta sólo uno para graduarse. Ha decidido que estudiará medicina y le está muy agradecido al ejército porque le han prometido una beca para la Universidad de Berkeley. «Nuestras intenciones no son que nadie entre al ejército —comenta a la defensiva—, pero si alguien quiere, puede ingresar automáticamente, porque ya sabe marchar y lo que debe hacer allí. No todos deciden enrolarse. Algunos se van a la universidad, donde continúan con el otro nivel de ROTC. Allí sí tienen que decidirse por la carrera militar, en la prepa no.»

En el nivel universitario, el Pentágono tiene distribuido en las universidades del país el programa ROTC: «Somos completamente diferentes del Junior ROTC —advierte en actitud solemne el sargento Jim Brauer, del destacamento de la Universidad de San Francisco—. El Junior no es un programa militar; claro que tienen maestros militares, pero ellos no les dicen que entren al ejército; sólo les enseñan a mejorar su vida, a ser mejores personas. Es para que los jóvenes sean mejores seres humanos en el mundo. Es algo completamente diferente. Les dan armas, pero no son reales.

—Entonces ¿para qué se las dan?

—Para el *show*, para la exhibición.

El batallón de niños y adolescentes uniformados aprende a usar las armas de manera coordinada: «Cuando presentamos las banderas tenemos que tener protección y usamos armas que no son de verdad —se justifica el joven comandante Lara—. Es parte de la tradición militar. Las usamos sólo para exhibiciones. No las disparamos.»

Pero el Comité Central para la Objeción de Conciencia, con sede en Oakland, ha documentado una realidad muy distinta: «Estudiantes de la Junior ROTC de Long Beach formaron una pandilla al estilo militar y mataron a uno de sus miembros. En Detroit un estudiante disparó a otro en el vestíbulo de la escuela por orden de otro estudiante pandillero que a su vez era líder del Junior ROTC. En Arizona un estudiante de la Junior ROTC vestido de camuflaje mató a nueve monjes budistas… Esto no ocurre en la clase de matemáticas. Entonces, ¿por qué ocurre en las escuelas? Porque el adiestramiento militar glorifica la guerra. El 90 por ciento de los programas JROTC es para entrenar a los estudiantes en el uso de pistolas o rifles», concluye el informe.

«Ésa es nuestra preocupación —comenta Castro—. Por eso podemos hablar de reclutamiento en las escuelas. La contradicción es que son sólo niños. Y mientras se promueve el "cero tolerancia para las armas", "cero tolerancia para la violencia" en las escuelas, hay una organización que entra a los planteles educativos usando las armas y la violencia. Para eso es el Junior ROTC. El ejército no es para aprender a plantar flores o construir casas; el ejército es para ir a la guerra. Esto es lo que se está permitiendo en la educación de los niños.»

Especialista en temas militares, el investigador David Goodman analizó las respuestas de un batallón de soldaditos de la Madero Middle School en la revista *Mother Jones:* «Quiero ingresar al ejército porque es padre defender a tu país» (David Ruvalcaba, 11 años). «Quiero ir al ejército porque así puedes ir a la universidad. Eso dicen en los anuncios» (Elver Patiño, 12 años). «Quiero ir al ejército porque lo he visto en las películas y parece divertido, sobre todo cuando acaba la guerra. Te puedes hacer famoso y conseguir mucho dinero» (Lydia Banda, 13 años).

Con una tradición belicista en el cine, los niños y adolescentes que viven en Estados Unidos están expuestos al producto vendido por Hollywood en películas convertidas en clásicos militares, como *Black Hawk Down* o *Ghost Soldiers.* También reciben la influencia de la propaganda televisiva, que muestra a los soldados siempre como héroes en acción, jugándose la vida ante el enemigo y casi siempre con un final feliz.

«Cuando mi hijo regresó de Irak, me alegré mucho —dice Virginia Mexicano, madre de dos hijos enlistados en el ejército—. Pero a la vez pensé en todas las madres que no vieron a sus hijos regresar con vida. Es horrible perder a un hijo en la guerra. Cuando están enfermos es otra cosa. La diferencia de nuestros hijos es que sabes que son muchachos sanos, pero los matan… Son sólo unos niños», dice conteniendo la emoción.

Virginia vive en San José, una ciudad situada a 70 kilómetros de San Francisco, con un alto índice de población hispana. Su hijo José Pablo formó parte de la unidad de Junior ROTC de la Andrew Hill High School, una escuela llena de niños hispanos: «Me gustaba ese programa porque les enseñaban mucha disciplina y mucho respeto. En ese sentido es muy bueno. Pero yo tenía la imagen de que el ejército era para que los muchachos se prepararan, no para ir a la guerra», añade Virginia.

José Pablo regresó en febrero y está destacado en San Diego, pero a su hermano menor, Javier Alejandro, de 18 años, lo enviaron a un regimiento en Alabama: «José Pablo me dijo que la guerra no era necesaria. De pronto me encontré con que el pequeño quería seguir en el ejército. Me sorprendió tanto que quisiera ir al *boot camp*... Tal vez fue la influencia.»

A Juan Carlos Lara fue precisamente un amigo quien le habló del ejército. Por eso decidió inscribirse en la unidad militar de su escuela, donde también estaba su novia: «Aquí no hay sólo hispanos o negros; tenemos muchos güeros. Las armas son opcionales. Yo no encuentro nada de malo.»

—¿Es usted pacifista?

—¿Cómo? ¿Qué es eso? —dice desconcertado el joven cadete.

Los incentivos económicos ofrecidos a los jóvenes para alistarse juegan un papel importante, ya que el sueldo ronda los 100 000 dólares anuales en el ejército regular y los 150 000 dólares en las fuerzas especiales.

«Tienen todo para reclutar, incluidos 4 000 millones —advierte Morse—. Llevan películas, camiones y todo el equipo necesario. A veces, si un joven dice que no está interesado, el reclutador sigue insistiendo; por tanto esto es acoso, no reclutamiento. Es autoritarismo, porque se les adoctrina y se les miente en las escuelas, en lugar de promover el intercambio de ideas. Tienen que mentir porque la historia verdadera de lo que hace el ejército estadounidense en el mundo no la pueden decir. No se trata de defensa, sino de agresión a otros países.»

Frente a la recaudación internacional de fondos que Estados Unidos ha emprendido para la reconstrucción de Irak, los familiares de los soldados estadounidenses e hispanos exigen el retorno de sus hijos y el fin de la ocupación.

## GUERRERO AZTECA

El mexicano Fernando Suárez del Solar personifica la lucha de los llamados «padres coraje», que piden un alto al reclutamiento indiscriminado que el gobierno estadounidense realiza entre la población hispana. Es padre de Jesús, infante de marina de 21 años, ciudadano estadounidense, que murió el 27 de marzo de 2002 por el llamado «fuego amigo».

Indignado porque la mayoría de los soldados, tanto los que han muerto como los que siguen en Irak, son «unos niños», Suárez lo dejó todo y emprendió su particular lucha por el retorno de los soldados: fundó la asociación Military Families Speak Out (Familiares de militares hablan claro), que agrupa a más de 2 000 familias que tienen hijos en Irak y creó la agrupación Guerrero Azteca en honor a su hijo.

Originario de Toluca, Suárez del Solar emigró a California en 1997 y, como tantos otros padres mexicanos, permitió que Jesús se enlistara en el Ejército estadounidense a cambio de la ciudadanía y un buen sueldo: «No nos engañemos: sabemos que la inmensa mayoría se enlista atrapada entre la pobreza de sus padres y los engaños de los reclutadores. Pensamos que no tienen otra esperanza para que continúen sus estudios por la falta de oportunidades y problemas con el idioma», dice Suárez del Solar en una entrevista realizada en la sede de la Asociación de Corresponsales de Prensa Extranjera en Madrid, España.

Añade: «El reclutador les dice que pueden tener dinero para sus estudios, pero no les dice que de su sueldo tienen que pagar el uniforme, que el dinero para sus estudios sale del mismo fondo de ahorro del soldado.»

Asegura que 40 por ciento de los soldados estadounidenses destacados en Irak son de origen hispano: «Nuestros muchachos sufren una discriminación tremenda dentro de las Fuerzas Armadas. Están en la primera línea de fuego. Eso no lo ven los muchachos hasta que están adentro. Luego vienen las decepciones. Es una táctica muy tonta del gobierno. Por eso los más fuertes detractores del sistema militar son los veteranos de todas las guerras. El mismo gobierno estadounidense crea a sus críticos, por la mala política que aplica.»

Al igual que en España, donde los latinoamericanos obtienen la nacionalidad a cambio de ingresar en las Fuerzas Armadas, en Estados Unidos se aprovechan de la pobreza de los hispanos: «Los gobiernos están vendiendo a sus hijos en esta ocupación ilegal. Es inmoral, porque estamos vendiéndoles su identidad a cambio de su vida. Eso no es ético. Cada persona tiene su identidad propia y no debemos comprarla con un papel.»

—¿Por qué los padres mexicanos que emigran a Estados Unidos permiten que sus hijos se enlisten en el Ejército?

—Se aprovechan de nuestra pobreza. El padre hispano emigrado no conoce el idioma; como su sueldo es muy bajo y el muchacho nunca tendrá la oportunidad de ir a una universidad, prefiere entrar al Ejército para acceder a esas supuestas becas escolares. Y el padre, al no saber el idioma, desconoce en lo que se mete su hijo. Es muy importante que los padres estemos informados de lo que Estados Unidos ofrece a los jóvenes, pero no existen organismos que difundan este tema en español. Estoy seguro de que es una estrategia del sistema para usar a nuestros jóvenes como carne de cañón en sus guerras expansionistas.

—¿Algunos padres mexicanos se sienten orgullosos de que sus hijos pasen a las filas del Ejército estadounidense?

—Sí, es un patriotismo y un agradecimiento mal entendido de muchos mexicanos, que sienten que su hijo ya pertenece al gobierno y dicen: «Yo ya soy parte de este país.» ¡Y eso es una vil mentira!

Suárez del Solar envió recientemente una carta al presidente Bush, en la que le dice: «¿Cuántos galones de sangre de nuestros hijos necesita para sacar los galones de petróleo que tiene el pueblo iraquí?»

Muestra también una carta que recibió de un sargento con más de 20 años de servicio, en la cual se queja de la falta de agua y alimentos: «También dice que todos los días sufren ataques terroristas, un promedio de 20 al día, con saldo de un muerto y casi 20 heridos diariamente. Esta ocupación va a generar el terrorismo a nivel internacional. Esos niños de hoy, que han perdido a sus padres, dentro de cinco o diez años van a ser los terroristas. No se puede generar terroristas.»

Dice que en otras cartas, los soldados explican las carencias y las irregularidades que viven: «Las mujeres piden cosas elementales, como toallas sanitarias. Los muchachos que entran heridos en los hospitales instalados en Irak tienen que pagar 10 dólares diarios por su alimentación. Es terrible.»

Y añade: «Sentimos que fuimos insultados. Ninguna raza debe ser utilizada para fines políticoeconómicos de control gubernamental. No se vale que traten de chantajearnos por el hecho de ser una minoría hispana; pero estamos luchando contra un monstruo que es la codicia. Bush es un mentiroso, está cumpliendo el capricho de su padre y tratando de crear un nuevo orden mundial en el que él sea el Dios supremo.»

La participación de los hispanos en actos patrióticos es contundente. En la Segunda Guerra Mundial participaron más de 300 000 ciudadanos de origen mexicano. La tradición ha continuado y un importante número de hispanos se enroló en las guerra de Corea, Vietnam y el golfo Pérsico.

«Desgraciadamente, muy pronto veremos nuevos *homeless* [sin hogar] en sillas de ruedas; veteranos de la guerra de Irak atrapados en las drogas, el alcoholismo y la violencia doméstica, deambulando por las calles de las grandes ciudades estadounidenses, sumándose a los ya clásicos veteranos de Vietnam abandonados por el gobierno. Son las secuelas de la guerra. El que sobrevive queda traumado para el resto de su vida, porque no hay un verdadero apoyo psicológico del gobierno para ellos ni para las familias», agrega Suárez del Solar, cuya organización también integra a familiares de soldados heridos.

En 2005 visitó el hospital de heridos de Boston: «Fue totalmente deprimente ver a esos muchachos allí. ¡Dios mío, fue horrible! Son jóvenes destrozados física y mentalmente. Todos traen profundos daños psicológicos, además de las heridas que no se ven, porque hay informaciones que aseguran que muchos tienen secuelas de uranio empobrecido», comenta.

Y aclara: «Necesitamos continuar este movimiento en todos los frentes. El Pentágono necesita soldados. Hay mucha resistencia de los jóvenes a ingresar al ejército. Ahorita están haciendo una campaña muy agresiva en contra de las clases pobres hispanas, negras y de inmigrantes. Y gastan millones en campañas publicitarias porque dicen que quieren reclutar más de 100 000 soldados para continuar la ocupación de Irak hasta 2009. Hay un engaño, hay promesas que nunca se cumplen. Por necesidad o por ignorancia, los padres caemos y dejamos que nuestros hijos entren al ejército.»

Añade: «Mi hijo y todos los muchachos se alistaron como voluntarios. Muy cierto, nunca lo he discutido. Pero fueron a la guerra convencidos de que iban a defender a su patria del terrorismo y de las armas de destrucción masiva en Irak. Así se lo dijo su presidente. Y fueron con todo el corazón y toda la valentía a defender a su país. Hoy en día sabemos que los engañaron y que los utilizaron.»

Suárez del Solar está dispuesto a combatir la militarización de los hispanos desde su origen y por eso viajará a México: «Voy para allá para hacer mucho énfasis en que nuestros jóvenes mexicanos ya no tienen por qué emigrar a Estados Unidos, sino que los mexicanos tenemos que luchar allá para tener las oportunidades que aquí nos niegan y así olvidarnos del llamado "sueño americano" y las supuestas bondades que nos brinda.»

# 3. Sensenbrenner y la criminalización

En el verano de 2005 Daniel Strauss y Shanti Sellz decidieron convertirse en voluntarios para ayudar con agua, alimentos y atención médica a los inmigrantes que cruzan el desierto de Arizona.

Ambos querían dedicar sus vacaciones a una «causa justa» y se afiliaron a la organización No More Deaths (No más muertes), que trabaja en el desierto para ayudar a los migrantes. Strauss, de 24 años, se desplazó desde Wyoming, donde trabaja, y Sellz, estudiante universitaria de 23, se dispuso a dejar Tucson.

El 9 de julio recorrían juntos la zona de Arivaca, cerca de la frontera con Sonora, cuando se encontraron con un grupo de nueve mexicanos. Tres de ellos, originarios de Chiapas, lucían deshidratados, particularmente el joven Emil Hidalgo Solís, quien tenía ampollas en la piel, no paraba de vomitar y presentaba un cuadro clínico de diarrea y orina con sangre, luego de haber ingerido agua destinada para el ganado.

Daniel y Shanti atendieron a los tres moribundos. Les proporcionaron agua, pero no lograron reanimarlos por completo.

165

Entonces se comunicaron vía telefónica con médicos de Tucson para describir el estado de los migrantes. Las instrucciones fueron precisas: trasladar a los tres hombres de manera inmediata al hospital más cercano.

Ante la urgencia de la situación, Shanti ofreció su coche y Daniel se dispuso a conducir los casi 100 kilómetros que separan el nosocomio del lugar. Cuando llevaban media hora de trayecto, la Patrulla Fronteriza los interceptó. Uno de los policías preguntó la identidad de los tres hombres que viajaban en el asiento trasero. Daniel le contestó: «Son inmigrantes que necesitan asistencia médica y los llevamos a un hospital de Tucson.» El agente a continuación le inquirió si eran ilegales, a lo que el voluntario respondió: «No lo sé. No les he preguntado si tienen papeles. Están enfermos e intentamos salvarles la vida.»

Fue entones cuando el policía se dirigió en inglés a los tres chiapanecos y les preguntó: «¿De donde son? ¿Hablan inglés?» Los mexicanos simplemente no contestaron y a continuación el policía se quedó mirando a los voluntarios y les espetó: «Estos hombres son ilegales, y ustedes lo saben.»

El resultado fue contundente. La Patrulla Fronteriza detuvo a los tres chiapanecos, confiscó el coche y arrestó a los dos voluntarios. Dos de los inmigrantes fueron deportados inmediatamente sin haber sido atendidos por un médico y el tercero, Emil Hidalgo Solís, recibió ayuda, pero lo mantuvieron en prisión dos meses con el fin de convertirlo en testigo de cargo contra Shanti y Daniel; grabaron su declaración y posteriormente lo enviaron de regreso a México.

Los voluntarios fueron acusados de cometer dos delitos federales: transporte de ilegales y conspiración para tráfico de personas. Si son encontrados culpables, ambos enfrentan una pena de 15 años de cárcel y el pago de 250 000 dólares de multa.

«¡Es terrible lo que estamos viviendo! No entendemos por qué nos están juzgando —dice Daniel Strauss—. Este juicio muestra claramente lo que está pasando en Estados Unidos, donde se intenta criminalizar la ayuda humanitaria a los migrantes. Para la administración Bush, los indocumentados son menos que personas».

El pasado 13 de enero, el juez Bernardo Velasco, del Tribunal Federal de Tucson, se negó a retirar los cargos contra los dos voluntarios. El lunes 13 de marzo ambos volverán a pedir sobreseer el caso y el juicio con jurado se celebrará el 25 de abril.

«El gobierno intenta dar un mensaje con nuestro juicio: ustedes son criminales por prestar ayudar humanitaria, pero también por entrometerse en asuntos públicos como la inmigración —dice Shanti Sellz—. Con este proceso la administración Bush dice a todas las organizaciones humanitarias: "Cierren los ojos, no importa lo que hagamos, nosotros cuidaremos a los ciudadanos estadounidenses."»

Ambos consideran que su caso ejemplifica lo que será el funcionamiento de la ley migratoria HR-4437 (Acta de Protección Fronteriza, Antiterrorismo y Control de la Inmigración Ilegal), elaborada por el senador republicano James Sensenbrenner y aprobada por la Cámara de Representantes el pasado 16 de diciembre, que contempla la construcción de un nuevo muro en la frontera, la penalización de la estadía indocumentada, la celeridad de las deportaciones, la creación de una visa temporal de trabajo, el aumento del presupuesto para el patrullaje en la frontera y la criminalización de todos aquellos que ayuden a los inmigrantes, incluidos religiosos, activistas y voluntarios.

El proceso penal contra Strauss y Sellz es el primero de este tipo: «En realidad no se les juzga a ellos; lo que está en juego es el trabajo humanitario de todas las organizaciones que apoyan a los migrantes», dice de manera tajante Margo Cowan, abogada y cofundadora de la asociación No More Deaths, quien acompañaba en el desierto a los dos voluntarios cuando se encontraron al grupo de nueve mexicanos.

Ambos voluntarios colaboran desde hace dos años con esta asociación, compuesta por religiosos y activistas de derechos humanos, que cada verano instala campamentos en el desierto para brindar agua, comida y asistencia médica durante las 24 horas a los inmigrantes que las necesiten.

Decenas de voluntarios recorren el desierto a pie o en coche en busca de inmigrantes, siempre bajo la atenta mirada de la Patrulla Fronteriza, que conoce su actividad: «La Patrulla Fronteriza sabe perfectamente que los inmigrantes mueren deshidratados en el desierto. Son ellos quienes muchas veces encuentran los cuerpos, y es obvio que también encuentran a los que están enfermos. El problema es que a los patrulleros no les interesa prestar asistencia médica», dice Strauss.

Ambos voluntarios fueron puestos en libertad después de escuchar los cargos que se les hicieron. El 13 de julio el fiscal federal Paul Charlton les propuso un trato: que se declararan culpables para que se retiraran los cargos criminales en su contra.

«Nos negamos aceptar ese trato porque no somos culpables de nada —comenta indignado Strauss—. Nuestro caso es una cuestión política. No violamos ninguna ley. En Estados Unidos no existe ninguna norma jurídica que diga que es ilegal salvar una vida. Dijimos que no al arreglo porque pensamos en los inmigrantes que están por venir. Si nos declarábamos culpables, era una manera de condenar a todos los voluntarios que trabajan en organizaciones humanitarias.»

Los abogados de los voluntarios, Bill Walker y Jeff Rogers, intentarán demostrar que los inmigrantes podrían haber muerto de no haber recibido ayuda. «Dos de los mexicanos fueron deportados inmediatamente y no sabemos cómo se llaman, pero el tercero está dispuesto a declarar la verdad: que nosotros le salvamos la vida», dice Strauss.

Sin embargo, los patrulleros que detuvieron a los voluntarios aseguran que los inmigrantes no necesitaban atención médica. «Es difícil de creer esa versión —afirma Sellz, y añade—: Incluso los policías argumentan que los migrantes se negaron a recibir atención, cosa que es increíble debido a su estado de salud. Los tres estaban muy enfermos.»

Daniel añade: «Esa versión es una locura. Los tres iban vomitando, y uno de ellos no paraba de evacuar con sangre. Además, cuando una persona está tres días sin beber agua, necesita ir a un lugar donde pueda recibir ayuda médica. Tal vez no iban a morir inmediatamente, pero estoy seguro de que si esos tres hombres hubieran pasado un día más en el desierto, con temperaturas de 50 grados, iban a morir. Lo sabemos porque allí están las estadísticas: son números que aumentan cada año.»

El año pasado, al menos 282 mexicanos murieron en el desierto de Arizona; la situación es tan grave que se requiere la atención de ambos gobiernos: «Para ayudar a una persona, a nosotros no nos importa si tiene documentos. Vamos hacer todo lo que esté en nuestras manos para atenderla. Salvar una vida es legal y no importa si la persona es estadounidense o mexicana», señala Strauss.

—¿Va usted a seguir con su trabajo humanitario?

—Por supuesto, lo voy a seguir haciendo hasta que los inmigrantes dejen de morir en la frontera. El trabajo humanitario en su favor tiene que seguir, porque es evidente que el gobierno de Estados Unidos no está haciendo nada para salvar esas vidas. La situación en la frontera será cada día peor. Las nuevas leyes intentan criminalizar a los inmigrantes y a todo aquel que los ayude. Los problemas fronterizos se van a incrementar porque el gobierno aumentará el presupuesto destinado a la Patrulla Fronteriza, pero no a legalizar a los inmigrantes.

Amnistía Internacional emitió un comunicado en diciembre del año pasado denunciando las irregularidades en el proceso penal contra los dos voluntarios: «Strauss y Sellz estaban actuando para proteger y preservar la vida de los migrantes», dice el documento. Como ejemplo, asegura que otros muchos voluntarios han asistido humanitariamente a inmigrantes en circunstancias similares, sin haber sido criminalizados por ello, y advierte de que si son declarados culpables, ambos se convertirán inmediatamente en «presos de conciencia».

Shanti Sells sufre las consecuencias inmediatas del proceso: «Esto no va a destruir mi vida; tengo el apoyo de mi familia, mis amigos y de mucha gente, pero por ahora mi coche aún no me lo devuelven, no puedo salir del país y la beca que recibo para estudiar desarrollo sostenible en la universidad me la van a suspender porque tengo antecedentes penales.»

A pesar de todo, dice estar segura de que volverá en el verano al desierto de Arizona para seguir ayudando a los inmigrantes: «Este incidente es muy cruel. Si el gobierno continúa criminalizando la ayuda humanitaria, entonces habrá más muertes en la frontera. Necesitamos seguir haciendo este trabajo; no podemos parar. En Arizona hay gente que está muriendo. Son familias inocentes: hombres, mujeres y niños víctimas de la situación. Las bajas aumentan y muchos mueren al lado de una autopista sin que nadie los ayude porque los ciudadanos estadounidenses tienen miedo de ofrecerles apoyo. Yo seguiré haciendo mi trabajo humanitario mientras pueda.»

Cowan afirma que ha estudiado las muertes de los 282 mexicanos ocurridas en el desierto de Arizona: «En esas listas de los fallecidos nos damos cuenta de que muchos murieron al lado de calles o caminos, o cerca de casas; eso quiere decir que es muy probable que pasaran personas, los vieran en sus últimos momentos y no los ayudaran por la intimidación que ejerce el gobierno de Estados Unidos. Este juicio no es más que una táctica para reforzar el miedo y dejarnos claro que si uno presta cualquier ayuda, se convierte en criminal.»

Añade: «Se está juzgando nuestra humanidad como país. Lo que sucede en la frontera es una auténtica tragedia humanitaria. ¡Es una guerra! Estados Unidos actúa como si estuviera en guerra con México; por eso todos los mexicanos que entran son tratados como enemigos. Es el clima que estamos viviendo. Éste es el centro de la guerra contra México. Van a tomar todos los pasos necesarios para criminalizarnos».

La voz de alarma se ha encendido y líderes religiosos de Estados Unidos han advertido que no acatarán las disposiciones de una ley que castiga a quienes ayudan a los inmigrantes. El cardenal Roger Mahony, en claro desafío al gobierno por el juicio contra los dos voluntarios, dijo el pasado 1 de marzo, durante la celebración del Miércoles de Ceniza, que no acataría ninguna norma que prohibiera prestar ayuda: «El concepto de castigar a quienes sirven a los inmigrantes es antiestadounidense. Estamos proclamando la lucha por la justicia de los inmigrantes; estamos pidiendo que la gente rece y ayune por los inmigrantes. Jesucristo siempre estaba con la gente más necesitada y por eso nosotros tenemos que imitarlo.»

Las comunidades eclesiásticas católicas ofrecen albergue, comida, atención médica, transporte y centros de trabajo a los indocumentados, que según la última encuesta del Pew Hispanic Center, publicada el 7 de marzo, ascienden a 12 millones, 56 por ciento de los cuales son mexicanos.

«A nadie le gusta estar sin documentos —alega Strauss—. Al contrario, todos quieren legalizar su situación porque eso es más seguro y digno. Lo que pasa es que la administración Bush no les da la oportunidad.»

—¿Qué piensa hacer si lo condenan?

—No quiero pensar en eso. Sería devastador, no sólo para nosotros, sino para todos los voluntarios que trabajan en organizaciones de apoyo a los inmigrantes. Quieren que no haya nadie que atienda a los necesitados. La frontera será aún más peligrosa. El futuro de los migrantes no es bueno.»

Sellz añade: «No nos vamos a dar por vencidos. Con nuestro juicio les están diciendo a otros ciudadanos estadounidenses que no hagan nada por ayudar a los inmigrantes. Y mucha gente va a seguir conduciendo por las autopistas y viéndolos morir, gente que si decidiera subirlos a sus coches con aire acondicionado, podría salvarlos. Es así de simple.»

## UN SENADOR RACISTA

La ideología reaccionaria del senador republicano James Sensenbrenner se nutre del conservadurismo del quinto distrito de Wisconsin, un lugar ubicado en el este de uno de los estados más conservadores y mayoritariamente anglosajones, donde no abunda la inmigración.

Abogado y político de profesión de 63 años, presidente del Comité de Asuntos Judiciales de la cámara baja, fue elegido en 1978 para dicha cámara, y desde entonces ha sido reelegido 14 veces. Autor de la ley de la discordia conocida como HR-4437 o Acta de Protección Fronteriza, Antiterrorismo y Control de la Inmigración Ilegal, el senador por Winsonsin se nutre de la ideología racista de grupos extremistas de supremacía blanca mejor conocidos como «cazainmigrantes» y autodenominados Minuteman Project o Guardianes de la Frontera.

A las 12.16 del 16 de diciembre de 2005 se inició la mayor afrenta conocida hasta ahora contra los indocumentados. Ese día la Cámara de Representantes de Estados Unidos aprobó la «Ley Sensenbrenner» con 239 votos a favor y 182 en contra (son 435 representantes).

El senador republicano, apoyado por el presidente George Bush, propone la criminalización de los inmigrantes indocumentados y la construcción de un muro de 1 123 kilómetros repartidos de la siguiente forma: en Tecate, California, 35 kilómetros; de Calexico, California, a Douglas, Arizona, 580 kilómetros; de Columbus, Nuevo México, a El Paso, Texas, 141 kilómetros; de Del Río a Eagle Pass, Texas, 82 kilómetros, y de Laredo a Brownsville, Texas, 283 kilómetros.

La enmienda pretende la creación de una barda de acero al estilo de la construida en San Ysidro, California. El sueño de Sensenbrenner es construir dos cercas paralelas divididas por una carretera en la que circulen los policías de la Patrulla Fronteriza, reforzadas eléctricamente con alto voltaje, reflectores de tres metros, cámaras y sensores de acercamiento para detectar a todo aquel que se atreva a escalarlas.

En octubre de 2001 el mismo Sensenbrenner introdujo la Ley Patriota, mejor conocida como Patriot Act, que suspende muchas de las libertades civiles de las que gozaban los ciudadanos y extranjeros que viven en Estados Unidos. El senador también es autor de una enmienda que en 2004 limitó la emisión de licencias de conducir a los indocumentados y endureció las leyes migratorias y de asilo.

Los departamentos de Defensa y Seguridad Interior invertirán en el «muro de la vergüenza» la cantidad de 2 230 millones de dólares. Desde hace diez años, la barda ya existe en California, en un tramo de apenas ocho kilómetros, lo que ha empujado a los inmigrantes a cruzar la frontera por lugares más inhóspitos, como el desierto de Arizona, y les ha causado la muerte a 3 500 de ellos.

EL MURO DE LA MUERTE

Arturo Rosas Carmona conoce por experiencia propia la peligrosidad de un muro fronterizo. El 28 de enero de 2002, un agente de la Patrulla Fronteriza le disparó en la espalda justo cuando intentaba regresar al lado mexicano escalando el muro que divide a Douglas, Arizona, de Agua Prieta, Sonora.

Después de un largo proceso legal, el gobierno de Estados Unidos lo indemnizó con 125 000 dólares, pero él no olvida que aquel fatídico día volvió a nacer: «El agente dijo que yo le tiré piedras, pero era mentira y afortunadamente se demostró. Los muros sólo causan muertos», dice sin vacilar.

Y es que a las muertes provocadas por el calor o el frío en el desierto, el aumento del caudal del río Bravo y los ataques de los asaltantes, hay que sumar las causadas por las balas de la Patrulla Fronteriza, que vigila los muros ya existentes a lo largo de la frontera en las áreas urbanas, y que representan un cinco por ciento de los 3 200 kilómetros de línea fronteriza entre México y Estados Unidos.

Cada año aumenta el número de baleados, pese a que desde el año 2000 existe entre ambos países un acuerdo que obliga a la Patrulla Fronteriza a usar armas inmovilizantes no letales, con polvo de pimienta, contra los migrantes que arrojen piedras a los patrulleros.

Los incidentes de los llamados «intercambios de piedras por balas» se cuentan por decenas y son suficientes para demostrar que la construcción del nuevo muro de 1 116 kilómetros en la frontera, repartido en cinco puntos estratégicos entre California, Arizona, Nuevo México y Texas, provocará más heridos y muertos.

Desde la implementación de la Operación Guardián, hace 11 años, han muerto 3 800 mexicanos en la frontera: «Aunque las muertes ocasionadas por los disparos de la Patrulla Fronteriza representan sólo un porcentaje, todas las muertes ocurridas en la frontera son de diseño. No hay diferencia, porque son muertes provocadas por la misma estrategia», dice en entrevista Claudia Smith, directora de la organización California Rural Legal Assistance Foundation, dedicada a la defensa de los derechos humanos de los migrantes.

Añade: «Hay muertes directas que se dan en las bardas ya existentes y otras indirectas, pero todas son atribuibles a lo mismo. Cada vez que intensifican la estrategia, ya sea mediante el aumento de los agentes en la frontera o la construcción de nuevos muros, aumenta el número de muertos.» Y recuerda la muerte de Guillermo Martínez Rodríguez, asesinado el 30 de diciembre por un agente de la Patrulla Fronteriza cuando intentaba cruzar el muro.

Las características de esta última muerte obedecen al mismo patrón de conducta que los agentes fronterizos estadounidenses utilizan en la vigilancia de los muros. En 2001, Leonel Huicaiza fue asesinado por un agente cerca del Cañón de las Cabras, entre Río Tijuana e Imperial Beach, cuando intentaba cruzar. El agente de la Patrulla Fronteriza sostuvo que el inmigrante le lanzó una piedra, y no hubo ningún testigo que contradijera su versión, aunque la muerte del joven del lado estadounidense hizo sospechar a las organizaciones de derechos humanos que la declaración del policía era inverosímil.

«Esta última muerte en la barda es como una metáfora para mostrar lo que está pasando a lo largo de la frontera y lo que pasará con un nuevo muro —agrega Claudia Smith—. La pregunta es ¿por qué la patrulla no usa las balas de polvo de pimienta o armas menos letales como establece el acuerdo? Son preferibles a las balas expansivas que utilizan, las cuales prácticamente aseguran la muerte dada la gravedad de las heridas que causan.»

## MÁS MUERTOS

Óscar Abel Córdova Vélez no se salvó de las heridas provocadas por las balas expansivas de la Patrulla Fronteriza. Un agente le disparó hace tres años cuando estaba sobre el muro cerca de la garita de San Ysidro, bajo el argumento de que el joven llevaba una piedra y amenazó con lanzarla. Sin embargo, siete testigos oculares contradijeron la versión del patrullero.

«Las consecuencias de un muro pueden ser muy trágicas —dice en entrevista Néstor Rodríguez, codirector del Centro para la Investigación de la Inmigración de la Universidad de Houston—. A través de nuestras investigaciones sabemos bien que cada vez que el gobierno cierra una entrada en la frontera, los inmigrantes siguen llegando, pero desgraciadamente por áreas más peligrosas. Esto va a incrementar el peligro y, en consecuencia, el número de inmigrantes muertos.»

Rodríguez ha publicado en los últimos años tres informes que son resultado de las primeras investigaciones detalladas sobre la muerte de inmigrantes a lo largo de la frontera: «Siempre había cálculos sobre los muertos, pero no estudios serios al respecto, así que nos dimos a la tarea de recorrer toda la frontera. De acuerdo a los datos obtenidos anualmente, mueren alrededor de 400 personas. Descubrimos que entre 1987 y 1990 murió mucha más gente que en años anteriores, y nos hemos dado cuenta de que en los últimos años estamos viendo nuevamente el incremento de muertes.»

Rodríguez ha averiguado la razón: «Cuando construyen bardas en la frontera, no calculan el costo social, en términos de seres humanos. Nunca piensan en el número de personas que pueden morir. Para ellos los inmigrantes tienen la culpa, pero la verdad es que se trata de una realidad económica histórica de Estados Unidos y de México. Y ambos gobiernos siguen ignorando la realidad.»

De acuerdo con uno de sus informes, entre 1993 y 1996, 1 185 personas perecieron cuando cruzaban la frontera. Más de dos tercios murieron ahogados en el río Bravo o los adyacentes ríos y canales; los demás murieron atropellados por coches o por «causas ambientales» tales como deshidratación e insolación, y también por accidentes de coche o tren. Casi 800 muertes ocurrieron en la frontera con Texas, pero la mayor cantidad de muertos registrada en un solo condado fue en San Diego, donde fallecieron 193 personas.

«Son muertes invisibles, silenciosas —señala Rodríguez—. La solución no es construir muros, sino buscar una política de inmigración para legalizar a los millones de indocumentados que viven y trabajan en este país. No se necesita una barrera física más, sino un contrato social para reconocer la realidad. Y esa realidad es que Estados Unidos usa una gran cantidad de trabajadores inmigrantes. Lo que necesitamos es una política para el siglo XXI, no una del siglo XIX, cuando la gente pensaba que las economías estaban contenidas en unidades nacionales. El mercado de este país es global. El problema es que se desconecta la realidad económica del sector político y migratorio.»

Explica que la verdadera cantidad de muertos es mucho mayor que los 3 800 cuantificados en los últimos 11 años, dado que las estadísticas oficiales no incluyen a los miles de desaparecidos, que algunas organizaciones humanitarias calculan en 7 000 personas.

«Las variables que influyen en la muerte son el clima, el calor, el incremento de las lluvias, que aumenta el caudal de los ríos; el volumen de la gente que inmigra. Descubrimos que en la medida en que hay más agentes en la frontera, el número de muertos crece, porque la gente busca rutas alternas, siempre más peligrosas. También hay otro grupo de gente que muere por los balazos de la Patrulla Fronteriza.»

El último informe sobre las muertes, publicado el año pasado, revela que en el proceso de investigación de los fallecimientos se siguen «prácticas discriminatorias», particularmente en los ahogados. Por ejemplo, encontraron que un juez de Texas ordenaba las autopsias de los muertos si consideraba que eran estadounidenses, pero si por el aspecto del cadáver determinaba que era mexicano, sencillamente no anotaba en el registro cientos de inmigrantes muertos. En Estados Unidos llaman *floaters* a los fallecidos en el río Bravo.

Rodríguez añade: «Temo que se está construyendo socialmente una imagen del inmigrante como el enemigo. En lugar de verlos como gente que entra sin ninguna autoridad, sólo con el deseo de trabajar, los estadounidenses los ven como los enemigos. El clima antiinmigrante aumenta. La solución de la inmigración no está en la frontera, está en Washington y en la Ciudad de México.»

Recuerda que en 1993 construyeron la barrera en el Paso, Texas, bajo un programa que se llamó Operación Bloqueo, después rebautizada con el nombre «Mantener la frontera» y luego como Operación Río Grande. «He viajado desde Texas hasta California y por mi experiencia sé que estos muros controlan la inmigración en esa área específica, pero no detienen el flujo de los migrantes; ellos sólo se van por otro lado. La solución es una ley, no un muro. Ya hay muchos muros, ya existen muchos kilómetros de bardas donde muchos han muerto o han resultados heridos.»

Salvador Mendoza Flores, originario del estado de México, intentaba cruzar el muro que separa a Douglas, Arizona, de Agua Prieta, Sonora, el 25 de noviembre de 2002, acompañado de un grupo de diez personas.

Aprovecharon el descuido de los agentes de la Patrulla

Fronteriza y empezaron a escalar la barda, y cuando estaban a punto de bajar al otro lado, la policía los sorprendió. Todos se devolvieron, pero el último fue Mendoza Flores, quien intentaba ayudar a su amiga Norma Gaspar Cruz. Cuando ambos trepaban el muro para volver a México, un agente les disparó, y el joven recibió en el glúteo derecho un balazo que salió y entró en el izquierdo. El incidente jamás se investigó, ya que el connacional prefirió regresar al estado de México y no interponer demanda alguna.

«Son casos que muestran lo que pasa con los muros —dice Smith—. Antes del Operativo Guardián, el 25 por ciento del tráfico indocumentado a lo largo de toda la frontera pasaba por 22 kilómetros del sector de San Diego, pero ahora el cruce por allí se ha reducido en más de 90 por ciento. El año pasado sólo se detuvo a 12 000 personas en ese lugar. Entonces no entendemos para qué quieren completar esa segunda y tercera barda.»

Jennifer Allen, directora de la organización Border Action y miembro de la nueva Alianza de Comunidades Fronterizas por los Derechos Humanos, afirma en entrevista que intentarán evitar la aprobación en el Senado de la iniciativa HR-4437, que estipula extender la barrera fronteriza: «Ese muro provocará un desastre humanitario. Ya hemos visto los resultados de 11 años de estrategias de construir más muros. Esto está matando a los migrantes y está creando una atmósfera de guerra en las comunidades fronterizas, porque tienen que vivir al lado de un muro que separa a sus familias.»

Las organizaciones humanitarias de la alianza viajaron a Washington para entrevistarse con políticos y académicos. «Esta propuesta de ley muestra la falta de entendimiento y conciencia de la Cámara de Representantes sobre el flujo migratorio.

No entendemos por qué no pueden ver el aumento del flujo migratorio a pesar de los muros, a pesar de los 12 000 agentes de la Patrulla Fronteriza, las 15 agencias de seguridad que trabajan en la zona, los grupos de cazainmigrantes, y los equipos de cámaras y sensores para detectar a las personas.»

Allen considera que el Congreso de Estados Unidos sigue gastando «miles de millones de dólares» al año para reforzar la frontera y evitar el flujo migratorio. «El problema es que no ha cambiado nada; sólo que cada año aumentan las muertes. El proceso para la aprobación de la ley del muro es largo y tenemos la oportunidad de evitar su construcción.»

Las organizaciones humanitarias han alertado del desastre ecológico que provocará la construcción de este nuevo muro, particularmente porque incluye disposiciones para rellenar cañones costeros profundos como el cañón del Matadero, cercano a Playas de Tijuana, algo que propiciaría la formación de represas y provocaría problemas en México.

«El flujo natural del agua que pasa por esos cañones es desde México hacia Estados Unidos, y si los rellenan para construir un nuevo muro, el desastre ecológico en el lado estadounidense será tremendo porque afectará a la flora y a la fauna; pero en el lado mexicano será aún peor porque afectará directamente a los habitantes, que sufrirán problemas crónicos de inundaciones y de salud debido a las polvaredas», dice Smith.

Explica que rellenar el señalado cañón implica el movimiento de 12 millones de metros cúbicos de tierra excavada de los cerros adyacentes. «El muro provocará un desastre humanitario y ecológico. Estados Unidos se abre al comercio, pero se cierra a la mano de obra. Lo más acertado es verlo en términos de la globalización.»

## Vivir bajo la 200

La batalla legal contra la proposición 200, que entró en vigor este año en Arizona para restringir servicios y derechos a los inmigrantes indocumentados, se ha trasladado al Circuito Noveno del Tribunal de Apelaciones de Estados Unidos, ubicado en San Francisco, que aceptó el trámite de un recurso de inconstitucionalidad y la posibilidad de detener un movimiento racista que se extiende contra los mexicanos en escala nacional.

«La batalla apenas empieza y puede durar hasta cinco años, como ocurrió con la fracasada proposición 187 de California. La 200 es una ley racista e inhumana y la derrotaremos en los tribunales», dice en entrevista el abogado Héctor Villagra, cónsul regional del Fondo Mexicoestadounidense para la Defensa Legal y la Educación (Maldef por sus siglas en inglés), que interpuso la demanda con base en la denuncia de cinco familias de inmigrantes indocumentados mexicanos, cuya identidad se mantiene en el anonimato por miedo a represalias de grupos xenófobos.

La proposición 200, aprobada en las elecciones del 2 de noviembre de 2004 con el 55.6 por ciento de los votos —un 47 por ciento de los cuales pertenecen a personas de origen o nacionalidad mexicana—, pretende cancelar servicios de asistencia social a los indocumentados y obliga a los empleados municipales o estatales a denunciarlos para su deportación a México.

Promovida por la asociación Protect Arizona Now, la iniciativa, que entró en vigor el 1 de enero —apoyada por los republicanos Russell Pearce y Randy Graf—, inicialmente inten-

taba privar a los mexicanos indocumentados de derechos básicos como asistencia de la policía, los bomberos y los paramédi-
cos; uso de autobuses, agua, gas, luz y teléfono; uso de las calles; acceso a los parques públicos y a las bibliotecas, entre
otros 55 «derechos».

Sin embargo, para defenderla ante los tribunales luego de
los recursos interpuestos, la proposición fue limitada: «El aspecto positivo es que el estado de Arizona ha interpretado la
ley de manera restringida. En este momento la ley se aplica a
cuatro programas públicos que en los últimos años han utilizado 10 000 familias de ciudadanos estadounidenses o legales;
nunca fueron utilizados por indocumentados. Entonces es importante decir que nada ha cambiado en Arizona. No existe
ningún peligro, ya que la situación no ha cambiado y los indocumentados pueden seguir mandando a sus hijos a la escuela y
recibiendo atención médica, así como los demás beneficios públicos que antes recibían, sin miedo de ser denunciados»,
explica Villagra.

La reducción de la medida, considerada por grupos de derechos humanos como racista, no es el objetivo final de sus defensores: «Se está implementando de una manera muy modes-
ta. El gobierno de Arizona ha eliminado la mayor parte de los
50 o 55 programas que nosotros pretendíamos que se aplicaran,
pero estamos felices porque creemos que venceremos en los
tribunales», dice en entrevista Virginia Abernethy, presidenta
nacional de Protect Arizona Now, profesora emérita de la
Universidad Vanderbilt, experta en políticas de población e inmigración y una de las ideólogas de la iniciativa.

—¿La proposición 200 es racista y contraria a los derechos
humanos? —se le pregunta.

—No, de ninguna manera. Es un esfuerzo para aplicar la ley. Y la ley dice que para obtener beneficios y tener la cobertura social, las personas tienen que mostrar que son elegibles. Eso quiere decir que deben demostrar que son legales en Estados Unidos. Se trata de aplicar la ley porque el estado de Arizona puede llegar a estar en bancarrota si mantiene hospitales y clínicas abiertas cerca de la frontera, donde son usados por gente que ilegal que vive en este país.

Abernethy también defiende una nueva iniciativa que pretende prohibir el uso del español. Ella nació en Cuba, creció en Argentina y habla español, pero prefirió hacer la entrevista en inglés. «Un país que usa más de un idioma es inestable.»

La principal precursora de la 200 se defiende, niega ser xenófoba y se define como una luchadora por la ley: «Vivimos una situación preocupante porque a ciudadanos estadounidenses y ciudadanos legales se les niega el acceso a hospitales que han cerrado por culpa de los ilegales.»

Protect Arizona Now cuenta con miembros que se autodenominan supremacistas; es decir, personas que defienden la superioridad de la raza blanca y que cada vez van teniendo mayor poder a nivel nacional. «Nosotros sólo queremos aplicar la ley que es ignorada», agrega.

—¿Algunos de sus miembros dicen claramente que no les gustan los mexicanos?

—El énfasis es contra los ilegales, y puede haber ilegales de Inglaterra o Noruega. Personas ilegales significa que no tienen derecho a estar aquí. En México, por ejemplo, deportan a los guatemaltecos que no tienen papeles. Pero el 10 por ciento de los mexicanos viven ahora en Estados Unidos. ¿Por qué? Mi pregunta es: ¿Por qué estos mexicanos no se quedan en su país para arreglarlo? ¿Por qué el gobierno mexicano no usa las ganancias de la venta de petróleo para ayudar a toda esta gente? Me temo que hay mucha corrupción y que la gente pobre se viene a Estados Unidos.

—Sin embargo, en Estados Unidos existen muchas nacionalidades que conviven y la mexicana es sólo una más. ¿Por qué no aceptarla?

—Porque es diferente, porque la mayoría de los ciudadanos de otros países vienen a Estados Unidos desde lugares lejanos y no esperan regresar; por tanto deciden ser estadounidenses. En cambio, el problema con los mexicanos es que muchos llegan aquí, vuelven a México y después regresan aquí; entonces deciden seguir siendo mexicanos, no estadounidenses. Ésa es la gran diferencia. Las otras nacionalidades tienen fuertes lealtades a Estados Unidos, mientras que los mexicanos no, y eso es un gran problema porque el país tiene que ser fuerte; por tanto, eso se logra cuando todos sus ciudadanos sienten que pertenecen a ese país y no dividen sus lealtades.

—¿Ustedes tienen miedo de perder territorio? ¿Difunden esa versión de que los mexicanos que vienen aquí quieren recuperar sus tierras?

—Algunos líderes mexicanos han venido a este país diciendo que quieren recuperar tierras y bautizarlas como Aztlán; entonces los estadounidenses sienten miedo de perder sus territorios.

—¿Sabe usted que eso es imposible?

—No sé. Depende de cuántos mexicanos vengan y se queden. Tal vez si son muchos puedan hacerlo. Con la 200 los americanos están diciendo: «Queremos a nuestro país ahora y queremos conservarlo para nosotros.»

Grupos como Protect Arizona Now encabezan iniciativas como la 200 a nivel nacional. «La iniciativa será aceptada y será aplicada. Y creo que otros estados la adoptarán como referente, para aplicar medidas similares; especialmente los lugares donde estén preocupados por preservar sus servicios públicos y donde sientan miedo del cierre de sus hospitales o escuelas por la presencia de ilegales.»

El Circuito Noveno negó una moción de emergencia de los demandantes para suspender la aplicación de la 200 en Arizona a fin de apelar la decisión del juez federal David Bury, del Tribunal Federal de Tucson, Arizona, quien ordenó la implementación de la ley el pasado 22 de diciembre, pero aceptó el recurso que cuestiona su constitucionalidad y fijó para el 26 de enero la presentación de los argumentos.

«Fue muy duro para todos que el tribunal negara la suspensión mientras dura el litigio, pero sigue la batalla y en febrero esperamos tener mejores noticias, aunque sabemos que ésta va a ser una lucha larga y difícil. Demoramos cinco años en derrotar la proposición 187. Esto no es un asunto de unos meses; por eso estamos listos para luchar hasta el final», dice Villagra, quien jugó un papel central en las acciones legales para frenar la proposición 187 en California, aprobada en plebiscito en 1994 y dirigida también a limitar el acceso de los indocumentados a los beneficios sociales del estado.

Según el abogado, el mayor riesgo ahora no es tanto para la comunidad mexicana en Arizona como para los mexicanos sin papeles que viven en todo el país: «Tememos que los grupos racistas antiinmigrantes tomen confianza con el caso de Arizona e introduzcan proposiciones de leyes de mayor aplicación. En California ya se está organizando una iniciativa similar para incluirse en las elecciones de 2005 a fin de afectar los beneficios de los inmigrantes sin papeles.»

Añade: «Nosotros sabíamos que no era una lucha sólo en Arizona sino en escala nacional. Sabemos que hay iniciativas parecidas a la 200 en diez estados. Sin embargo, con este litigio queremos dejar claro el mensaje para subrayar que por más que la población de cualquier estado quiera restringir los beneficios que se otorgan a los inmigrantes, hay ciertos beneficios que la ley federal otorga a las personas sin importar si tienen papeles o no. Es muy importante que la comunidad no tenga miedo al recibir estos derechos, como la asistencia médica o educativa. Estos derechos no pueden ser derogados por ninguna ley estatal, la hayan votado o no los ciudadanos.»

Los grupos como Protect Arizona Now han apelado a los temores de la comunidad estadounidense. «Lanzan el mensaje de que los inmigrantes están robando el dinero público. Son miedos sin base en los hechos.»

Sin embargo, según un estudio de la Universidad Thunderbird, el impacto económico de la población mexicana en Arizona favorece a este estado con 2 500 millones de dólares, y sólo en concepto de vivienda, los mexicanos con o sin documentos gastan anualmente 500 millones de dólares en renta o pago de hipotecas.

«Todos los estudios objetivos que se han hecho demuestran que los indocumentados aportan mucho más de lo que reciben en beneficios y que el bienestar de este país en gran parte se basa en el trabajo, los impuestos y las contribuciones como consumidores de los inmigrantes que viven aquí con o sin papeles», afirma Villagra, autor de un estudio que analiza las aportaciones de los mexicanos sector por sector.

El abogado considera que al haber sido restringida la aplicación de la 200, su efecto será nulo o mínimo: «Ahora se encuentran dentro de una trampa, porque al defender sus argumentos ante el Tribunal Federal redujeron sus pretensiones. Entonces, no van a poder decir que afecta a otros beneficios; se van a quedar con esos cuatro.»

Desde 1996 entró en vigor una disposición nacional para negar a los indocumentados la gran mayoría de los beneficios públicos. «La ley federal ya es severa, y por tanto ellos no pueden hacer más contra los inmigrantes indocumentados.»

Explica que sólo reciben cinco beneficios en categorías como atención médica urgente, asistencia en desastres naturales, programas para mantener la salud y la vida que no dependen del sueldo de la persona, sino que se otorgan a todos sin distinción; programas de vacunación y atención de enfermedades contagiosas. La educación pública se les da con base en una decisión de la Suprema Corte.

«¿Qué más quieren quitarles? —dice Villagra—. Básicamente no tienen nada, ya se les ha quitado casi todo. Es ridículo alegar, como ellos, que los indocumentados cuestan cientos de millones de dólares al estado de Arizona. Es mentira.»

Señala que los cuatro beneficios a los que se está aplicando actualmente la 200 son: «Ayudar a los ciegos y a quienes necesitan lentes; el programa de asistencia entre vecinos, que ayuda a pagar la luz o el gas cuando hace mucho frío o calor, y el programa para arreglar o cambiar los sistemas de electricidad o calefacción.»

Villagra está utilizando en el tribunal de San Francisco el argumento de que la 200 pretende regular la inmigración y ésa es una atribución del gobierno federal y no de los estados. Por consiguiente, los funcionarios estatales no se pueden convertir en agentes de inmigración.

«Otro de nuestros argumentos legales contra la proposición es que la persona que solicita los beneficios puede ser un residente legal y en tal caso tiene derecho al servicio, pero si el empleado del estado considera equivocadamente que esa persona es indocumentada y le niega los beneficios, no tendría manera de corregir su error.»

«Además, vamos a decirle al Tribunal de Apelaciones que si la ley no es clara para señalar cuáles son los beneficios a los que se aplica, los empleados no sabrán exactamente qué beneficios son regulados por ella, y tampoco sabrán cuándo están en peligro de recibir una sanción criminal por no haber denunciado a un indocumentado.»

El ex senador Alfredo Gutiérrez, portavoz de la Coalición No a la 200, que aglutina a diversas organizaciones sociales y políticas que luchan contra la medida en Arizona, explica que existe «mucho miedo» y falta de información sobre la manera en que será aplicada la iniciativa.

«Hay una inquietud tremenda, una angustia de ir incluso a la plaza, porque hay quienes piensan que cualquiera los puede denunciar a inmigración cuando salgan, cuando vayan a renovar una licencia o cuando lleven a los niños a la escuela.»

Agrega que los medios de comunicación diariamente explican los cuatro programas «insignificantes» a los que ha afectado la 200. «Les estamos diciendo que sigan con su vida. Una persona indocumentada corre ciertos riesgos y esos riesgos no han cambiado. La proposición no ha tenido ningún impacto. La ley 200 no afecta a programas financiados por el gobierno federal, como la carta de comida y dinero en efectivo, ni a la educación pública, ni al programa de seguro médico para personas de bajos recursos (AHCCCES por sus siglas en inglés).»

Gutiérrez explica que actualmente hay cuatro proyectos de ley en la legislatura: «Quieren negar más servicios y forzar al estado para que empiece a deportar indocumentados, incluso para limitar el uso del español. Y es que la magnitud de la presencia hispana en este país es extraordinaria y eso está asustando a mucha gente. No temen tanto a los indocumentados como a nuestra presencia, a nuestra cultura, a nuestro idioma.»

Sobre la asociación Protect Arizona Now dice: «Es un grupo supremacista, derechista, racista y fascista. La profesora Abernethy es una racista; ha hecho comentarios increíbles, y dice que no es racista, que sólo es «separatista». Sin embargo, son gente que abiertamente se opone a la inmigración mexicana o hispana, pero acepta la del norte de Europa.»

Daniel Ortega, abogado asociado contratado por Maldef en Arizona, encabeza el otro frente legal contra la 200 dentro del propio estado: «Con la aplicación limitada de la medida, el único riesgo es que los municipios, los colegios comunitarios o los condados interpreten la ley de manera distinta.»

Uno de los aspectos más preocupantes es el de los funcionarios, porque no tienen información de cómo van a aplicar la medida, y el equipo legal del Consejo Laboral 97 de Empleados Públicos de la ciudad, el estado y el condado de Arziona, que representa a 350 000 empleados, ha expresado la difícil decisión de los trabajadores de denunciar a los inlegales. «Ellos tienen que cumplir con esas reglas y denunciar a los indocumentados; es obligatorio —dice Ortega—. El problema es que los grupos como Protect Arizona Now quieren detener la inmigración, no sólo la indocumentada, sino toda, en particular la de los mexicanos, por racismo y por miedo, pero mientras no se decida en los tribunales, la interpretación de la ley ha quedado en el aire.»

Para Alonso Morado, portavoz del Consejo Nacional La Raza en Arizona, la población indocumentada que vive en Estados Unidos carece de un Estado que los apoye en estos momentos: «Ni el gobierno de México ni el de Estados Unidos dan información, y la gente está muy asustada. Hay quienes no saben si llevar a sus hijos al médico. Y nadie da información clara sobre estas dudas. Hay madres que tienen hijos nacidos en Estados Unidos y no saben si pueden pedir el *Welfare* (servicios de asistencia a los menores, a las madres abandonadas, a las mujeres que pierden el empleo y a los ancianos). Temen ir a pedir sus beneficios porque, aunque los hijos tengan documentos, los padres no.

»La situación va de mal en peor. El futuro no es halagüeño para nosotros. Los ataques contra los inmigrantes, sean legales o ilegales, van a continuar, y peor todavía, lo que se suponía que era un movimiento racista local se está convirtiendo en estatal y nacional.»

El Greenlining Institute, una organización con sede en Berkeley que aboga por que se otorguen beneficios a comunidades de bajos recursos, organizó una campaña para recaudar fondos entre instituciones bancarias y compañías privadas de California a fin de derrotar la proposición 200, y recaudó más de 1 millón de dólares.

«A la comunidad bancaria y empresarial del país le interesa mucho que tales iniciativas no prosperen. Los bancos reconocen que en la comunidad latina hay un gran poder económico. Abundan los indicios de que la comunidad latina cuenta con

100 000 millones de dólares de manera potencial, y se está tratando de atraer a todos, incluso a los indocumentados, a fin de ofrecerles medios para enviar las remesas a sus países», dice en entrevista el portavoz del instituto, Héctor Preciado.

Desde hace meses, grupos antiinmigrantes de California han iniciado una campaña para recolectar firmas entre los ciudadanos a fin de introducir una propuesta similar a la 200 en las elecciones de 2005: «Es un movimiento nacional; lo mismo ocurre en Carolina del Norte, Colorado, Illinois, Georgia. Estos grupos se autodenominan "supremacistas". Son personas muy ignorantes que no reconocen la contribución de los inmigrantes. Son racistas y reaccionarios que tienen miedo a los hispanos y no quieren un cambio demográfico y social. Nos temen. Toda la historia del país muestra cómo los estadounidenses han sido xenófobos, y vemos que siguen siéndolo.»

MEXICANOFOBIA

La atmósfera de miedo e intimidación creada por los «cazainmigrantes» en Arizona no ha impedido que la asociación Acción Fronteriza interpusiera las primeras demandas civiles para exigir el fin de la impunidad.

La organización, que se dedica a proteger los derechos humanos de los inmigrantes, publicó un informe titulado *¿Odio o heroísmo? Paramilitares en la frontera entre Arizona y México*, un documento que muestra los vínculos del «vigilantismo» de la frontera con grupos neonazis, asociaciones dedicadas al fomento del odio contra los mexicanos y casos de conducta ilícita.

La última demanda, interpuesta contra Roger, Barbara y Donald Barnett, fue en noviembre del año pasado, cuando estos «vigilantes» detuvieron con amenazas verbales y físicas, y con un arma de asalto AK-15, a las familias Morales e English mientras éstas disfrutaban de un día de descanso y practicaban la cacería en el desierto.

Roger Barnett encañonó a dos niñas de 11 y 9 años: «Nos apuntó con una pistola y pensamos que nos iba a matar. Mi hermanita estaba temblando y gritando. A Barnett no le importó cómo nos afectó. Podríamos haber muerto», escribió Vanese, hija de Ron Morales, un veterano de la Armada estadounidense, ciudadano de este país y residente de Douglas.

«No estuve seis años en la Armada para que los derechos civiles de mi familia fueran violados en nuestra pequeña ciudad de Douglas», dice Ron Morales, quien con el apoyo de Acción Fronteriza se animó a interponer la demanda, cansado de que los Barnett lleven 10 años haciendo lo mismo.

El 26 de noviembre del año pasado fue interpuesta otra demanda contra los Barnett por parte de Donald Mackenzie, dueño de un rancho en Douglas, que acusa al «cazainmigrantes» de haber invadido su propiedad para capturar a un grupo de 30 mexicanos, llevando puesta una gorra de la Patrulla Fronteriza. «No necesitamos ni queremos aquí a estos vigilantes, estos remedos de Rambo, muchos de los cuales ni siquiera son del estado. Es tiempo de que todos los que rechazan el vigilantismo ilegal e inmoral hablen para exigir el fin de estas actividades», dice Mackenzie.

El 16 de julio José Rodrigo Quiroz Acosta estaba cruzando el desierto de Arizona, y luego de caminar ocho horas se dirigió hacia la autopista. Allí se encontró con Roger Barnett, quien detuvo la camioneta que iba conduciendo para echarle sus perros. No contento con eso, Barnett lo golpeó hasta ocasionarle considerables heridas.

«Los Barnett suelen salir de la nada en medio del desierto, encañonar a la gente y cazar inmigrantes. El condado de Cochise no toma acciones contra ellos porque se encuentran en un medio en el que son los poderosos, tienen negocios y están protegidos», dice en entrevista en su oficina Nahyeli Mendívil, directora de operaciones de Acción Fronteriza.

La organización humanitaria trabaja en coordinación con el abogado de derechos humanos Jesús Romo Véjar, quien lleva más de cinco años luchando contra los rancheros «vigilantes» de Arizona y actualmente colabora con Acción Fronteriza y Maldef en las tres demandas interpuestas: una en el Tribunal Federal del estado y las otras dos en el condado de Cochise.

Hace cinco años el gobierno mexicano le pidió un análisis sobre el vigilantismo civil: «La conlusión a la que llegué es que estos grupos estaban violando penalmente la ley estatal y la federal y en el ámbito civil las dos leyes de derechos humanos. El gobierno mexicano jamás hizo nada; sólo contrataron abogados en Washington para cuestiones de cabildeo y relaciones públicas. Finalmente llegaron a un acuerdo sobre derechos humanos a lo largo de la frontera y se comprometieron a no interponer demandas que llegaran al público.»

Añade: «Todo lo que se ha hecho, lo hemos hecho nosotros sin la cooperación oficial del gobierno mexicano; hay ciertas personas que nos ayudan sólo porque son de buena naturaleza y buen corazón.»

Afirma que ahora estudian la posibilidad de demandar a las autoridades: «El gobierno de Estados Unidos no ha hecho lo suficiente para pararlos, y se puede interponer una demanda contra ellos por violación de derechos humanos, con reivindicación civil; también se puede interponer una demanda contra el sheriff y el procurador de Cochise. El sheriff es muy amigo de los Barnett, y éstos eran policías.»

Actualmente Romo Véjar trabaja en una nueva denuncia contra los Barnett basada en la experiencia de unos cazadores estadounidenses que fueron amenazados por el ranchero: «Les dijo que los iba a matar, pero ni siquiera se encontraban en su rancho, sino en tierras que son públicas. Esto ha llegado a un extremo inconcebible.»

El abogado, que trabajó con César Chávez en el movimiento campesino de este país, cree que la única manera de acabar con los paramilitares es la vía legal: «Necesitamos al gobierno federal como aliado. No podemos arrogarnos las mismas tácticas que ellos. Debemos tratar de llegar a sus fondos de dinero, quitarles lo que tienen, para quebrarlos económicamente.»

Añade: «Es terrible la conducta de esta gente. Tratan a los inmigrantes peor que a animales. Son unos cobardes que se cobijan tras la protección de la sociedad racista y conservadora de Sierra Vista, en su mayoría soldados o jubilados. Además, se aprovechan de la buena voluntad y la humildad del inmigrante mexicano, que cuando es detenido obedece en todo.»

Afirma que los inmigrantes no deben ser arrestados por civiles: «El hecho de entrar al país de manera ilegal es un delito pequeño. El acto de pasar la cerca no es un crimen mayor; es mínimo. Entonces, no deberían ser arrestados por civiles, porque no están violando la ley estadounidense. Aquí intervienen las leyes federales, no las estatales.

—¿Qué pasará si no se detiene la acción de estos grupos?

—Si esto no se para, llegarán tragedias enormes con el aumento de la violencia. Al principio, cuando empezaron en la frontera, aprehendían a los inmigrantes y los torturaban. Es muy posible que se cometan asesinatos, violaciones múltiples, actos terribles.

## CACERÍA HUMANA

Al atardecer, bajo el intenso frío del desierto, un grupo de cazadores bien pertrechados, fuertemente armados, acompañados de perros de presa que les muestran el camino olfateando entre la escasa vegetación, siguen las huellas de las próximas «piezas» que pretenden capturar. Las huellas rastreadas no corresponden a animales; son pisadas de seres humanos, en su mayoría de nacionalidad mexicana, cuyo primer encuentro con el sueño americano es el obstáculo insalvable que representan los grupos paramilitares estadounidenses xenófobos que vigilan permanentemente este lado de la frontera, convertido como consecuencia de su actividad impune, en el lugar más peligroso de la línea que divide a México y Estados Unidos: un camino que arrancó la vida a más de 373 mexicanos el año pasado.

Más peligrosos que las picaduras de los alacranes, más mortíferos que las víboras de cascabel, a veces tan letales como el frío o el calor extremos de esta región inhóspita, resultan los «cazainmigrantes», quienes disfrutan de la protección de la policía del condado de Cochise y son alentados por la comprensión de la Patrulla Fronteriza, que acepta su generosa y altruista «ayuda», gracias a  la cual el año pasado deportó a 1 millón 160 395 personas.

Los grupos de voluntarios civiles armados acechan sin descanso a lo que califican de «plaga mexicana», para luego exhibirlos como trofeos. Son grupos de paramilitares que usurpan en medio del desierto las funciones de la autoridad, traspasan cercas, violan la propiedad privada de ranchos, recorren y ocupan terrenos federales, todo ello con el propósito de «aplicar su ley» a punta de pistola o de rifle y capturar a los «extranjeros ilegales», al más puro estilo del Viejo Oeste, pero con tecnología del siglo XXI.

Estados Unidos es un país que ha cultivado el individualismo a ultranza; en el que, especialmente en las zonas rurales, se conserva como una seña de identidad inconfundible la cultura de la autosuficiencia, la autoayuda y la autodefensa, y en el que la propiedad privada es un derecho fundamental, al igual que el derecho inalienable de portar armas de fuego, garantizado por una enmienda constitucional. Un país en donde conocidos «periodistas» aseguran en los medios de comunicación masiva que los inmigrantes indocumentados «infringen la ley cada vez que respiran», y en el que reputados intelectuales como el veterano profesor de Harvard Samuel Huntington previenen contra el peligro de los latinos para la preservación de la identidad estadounidense.

«Esto es una guerra y tenemos que defendernos», dice, mientras camina entre los matorrales del desierto, Chris Simcox, líder de la organización Civil Homeland Defense, que cuenta con más de 500 voluntarios llegados de todo el país para impedir la «invasión mexicana».

Simcox se considera un «patriota» y lleva la bandera de Estados Unidos en su gorra de beisbol; fuma un puro y en voz baja, mientras salta una cerca, dice: «¡Es el colmo! ¿Cómo es posible que los estadounidenses no podamos resolver este problema? Pagamos muchos impuestos, para después mantener mexicanos que violan la ley. ¡Es obsceno! Me da lástima esta gente, pero es mi deber detenerlos. Tengo que hacerlo.»

Lo acompañan dos rancheros de Montana cuyas propiedades se encuentran próximas a la frontera de Estados Unidos con Canadá, pero que se han desplazado más de 2 000 kilómetros al sur para patrullar voluntariamente, armados con pistolas alemanas de ocho milímetros. Los sigue Carmen Mercer, quien lleva al cinto un arma automática Colt calibre .45 y va vestida con pantalón de camuflaje militar. «Estoy aquí porque el presidente George Bush no hace su trabajo y no vigila las fronteras. Cualquiera puede ser un terrorista a punto de organizar otro 11 de septiembre», dice, y recuerda orgullosa cómo en el valle de San Pedro, a unos kilómetros de Tombstone, han detenido en los últimos meses a más de 700 inmigrantes.

El «vigilantismo» civil a lo largo de la frontera de 130 kilómetros que corre junto al condado de Cochise empezó hace ocho años con las agresiones armadas —algunas, aunque no todas, sometidas a proceso judicial— cometidas por los hermanos Barnett, dueños de un rancho de 9 000 hectáreas ubicado en Douglas, a escasos siete kilómetros de la frontera con Agua Prieta, Sonora; un paso obligado para quienes intentan llegar a Tucson o Phoenix. Donald y Roger Barnett, y la esposa de este último, siguen «cazando» inmigrantes, especialmente los fines de semana, a caballo, en camionetas o cuatrimotos, vestidos de camuflaje, armados con rifles automáticos M-16, con pistolas de nueve milímetros, sensores que captan el movimiento de personas, y sabuesos especialmente adiestrados para rastrear y dar caza a los desnutridos, sedientos e inermes «invasores».

«¿Cómo se atreve a venir aquí?», pregunta Roger Barnett a la enviada en tono agresivo. «No me gustan los mexicanos, es mejor que se vaya. ¿Que si soy racista? No me importa lo que piense. Sólo atiendo a los periodistas estadounidenses», añade amenazante, vestido con pantalón de mezclilla y camisa a cuadros, el ranchero, propietario de un negocio de gas licuado, renta de grúas y caravanas en el 1498 de Fry Blvd. de esta ciudad, famosa por albergar el fuerte militar Huachuca.

Los Barnett se jactan de haber detenido a más de 12 000 inmigrantes «ilegales» y justifican media docena de casos judiciales en su contra argumentando que son ellos las «víctimas» de quienes «invaden su propiedad privada». La impunidad que les proporciona su amigo y colega, el sheriff Larry A. Dever —un cargo de elección popular—, según han denunciado los organismos de derechos humanos de la zona, les da una tranquilidad absoluta para seguir practicando su pasatiempo favorito. «Los rancheros de Cochise serían tontos si no estuviesen preparados para defenderse», suele repetir en tono de justificación el jefe de la policía.

El tiempo parece haberse detenido en esta tierra sin ley, en esta frontera donde, igual que hace un siglo y medio, los rancheros imponen su autoridad. Las opiniones de los vecinos de Douglas, Sierra Vista, o Tombstone a favor del vigilantismo parecen arrancadas de una mala película de vaqueros.

«Aquí son como héroes», dice Barney Douglas, un vecino de los Barnett que lleva 25 años viviendo en Sierra Vista. «Trate de entenderlos: se sienten frustrados porque la Patrulla Fronteriza no hace nada. Por eso usan sus armas, para defender sus tierras. El pueblo los quiere y los respeta.»

Los medios de que disponen estos pistoleros del siglo XXI,

sin embargo, son bastante más modernos que los utilizados por sus predecesores del XIX. Lo que empezó como un fenómeno local y aislado se ha convertido en un auténtico movimiento nacional «supremacista» que defiende al estilo Ku Klux Klan la superioridad de la raza blanca, solapado por el gobierno federal de Estados Unidos, y también por la falta de firmeza del gobierno mexicano, que nunca ha protestado formalmente ante Washington por los crímenes de los rancheros, acusados de herir, golpear y matar a una serie de mexicanos.

A los Barnett se les ha unido, además del «comando Simcox», otro grupo denominado Ranch Rescue, que tiene milicianos en Arizona, Nuevo México, Texas, California y Colorado, así como el llamado American Border Patrol, registrado hace dos años como «organización no lucrativa», que cuenta con 20 000 voluntarios repartidos por todo el país, los cuales hacen donativos anualmente y a cambio obtienen recibos que acreditan su derecho a desgravar esas aportaciones en sus declaraciones de impuestos.

«Trabajamos los siete días de la semana, las 24 horas del día», dice orgulloso su líder, Glenn Spencer, entrevistado en su oficina, en la calle Anderson número 4643. «Esto no es cuestión de racismo, es un asunto de principios. No podemos permitir que esta gente siga violando la ley; los detendremos a todos y en menos de 18 meses terminaremos con los «extranjeros ilegales» que intentan cruzar la frontera de Arizona. Nadie volverá a pasar por aquí. Cerraremos la frontera a los ilegales.»

Para ello, el líder patrullero dice tener una gran idea: «Cada vez que un mexicano cruce ilegalmente se le debe consignar judicialmente y deportarlo formalmente. Si vuelve a hacerlo, hay que acusarlo de un crimen y meterlo en la cárcel. El castigo es la mejor manera que hay para detener a los "ilegales".» No especifica de qué crímenes podría acusarse a los reincidentes. Se trata de un detalle que no parece preocuparle. Luego de permanecer en silencio unos segundos, añade en tono benévolo: «También podemos buscarles trabajo en México a través del Banco Mundial o del Tratado de Libre Comercio.»

Rodeado de computadoras, radios, potentes binoculares, unidades de radar portátiles y cámaras de video, delante de un emblema de la CIA colgado en la pared, Spencer cuenta con tres aviones teledirigidos que recorren el inhóspito territorio y decenas de cámaras, instaladas a lo largo de la frontera, que envían señales vía Internet: «Tenemos mejor tecnología que la Patrulla Fronteriza, algo que debería avergonzarlos», dice en tono arrogante, y agrega que ha grabado un video para exhibir la incompetencia de esta autoridad migratoria a base de un simulacro de introducción clandestina en el país de armas de destrucción masiva.

Cada cibernauta afiliado a su asociación se puede convertir en «cazainmigrante» denunciando a la Patrulla Fronteriza la presencia de los exhaustos «invasores», sorprendidos a plena luz del día o a través de sistemas de imágenes obtenidas mediante rayos infrarrojos que registran la presencia del calor corporal y permiten detectar un ser vivo en total oscuridad.

Acompañado de su inseparable perra Star, el líder de la American Border Patrol cuenta con un largo historial antiinmigrante de más de 15 años, que se remonta a la época en que vivía en Los Ángeles y dirigía un programa de radio dominical desde el valle de San Fernando, que dejó para dedicarse a defender la proposición 187 en California, y después decidirse a radicar en Arizona, donde también promueve la ley 200: «Estoy dedicado a defender a mi país desde hace 14 años; soy la persona mejor preparada del país en temas de línea fronteriza. Todo lo que hago es legal; nadie puede acusarme de nada.»

Spencer dice haber detenido a más de 5 000 inmigrantes y, como todos los días, se dirige por carretera hacia su nuevo «cuartel general», ubicado en el valle de San Pedro frente a las montañas Huachuca, a unos metros de la línea divisoria entre ambos países y bajo una torre de comunicación de la Patrulla Fronteriza. «Ellos me cuidan —dice entre risas—. Dentro de un mes estaremos completamente operativos y deteniendo inmigrantes desde aquí», comenta mientras muestra tres casas móviles recién instaladas que servirán de centro de control y alojamiento de los «vigilantes».

A bordo de su camioneta Windstar inicia el recorrido por veredas y caminos en busca de inmigrantes. «No doy entrevistas a los medios en español de Estados Unidos porque me llaman nazi y porque creo que no debería existir prensa en español en nuestro país. Aquí sólo se debe hablar inglés».

—¿Por qué se molesta? ¿Es usted nazi?

—No, incluso tengo un judío en mi organización.

—¿Por qué odia a los mexicanos?

—Yo amo a los mexicanos. El problema es que esto no está funcionando; son demasiados los que deciden venir violando la ley. El gobierno mexicano no arregla sus problemas y nos envía a sus pobres. Los mexicanos necesitan reformar su gobierno y terminar con la corrupción.

—Es gente que viene a hacer los trabajos que los estadounidenses no quieren y que colabora en el bienestar de Estados Unidos…

—Estados Unidos no necesita de los trabajadores mexicanos.

—¿Quire decir que su país estaría mejor sin mexicanos?

—Es que no podemos asimilar a esta gente. Necesitamos parar la afluencia y reducir el número. Entonces podremos asimilarlos, siempre y cuando sean como cualquier otro ciudadano estadounidense.

—¿Por qué los rancheros humillan, maltratan, hieren y matan mexicanos?

—Ha habido sólo algunos incidentes. Sin embargo, son más los inmigrantes mexicanos «ilegales» asesinos que matan a ciudadanos estadounidenses. No hay punto de comparación.

Spencer asegura que los policías de la Patrulla Fronteriza a título individual le agradecen «su ayuda» cada vez que detiene inmigrantes. «No hacemos nada ilegal. Identificamos la presencia de *aliens* [lo cual puede traducirse como "extranjeros", pero también como "invasores"] y en lugar de ir a detenerlos o aprehenderlos como hacen Simcox o Barnett, llamamos a la patrulla para decirle el lugar exacto en que se encuentran. Somos vecinos vigilantes en todo Estados Unidos. ¿Armas? Yo no uso, pero comprendo que algunos de mis compañeros sí lo hagan porque la frontera es un lugar muy peligroso y tenemos que defendernos y protegernos. Las denuncias que existen de uso inapropiado son sólo acusaciones. Nunca han probado nada.»

Spencer es el principal promotor de la «teoría conspiratoria», basada en la supuesta intención de los mexicanos de extender su nación y recuperar los territorios perdidos. Se trata de una versión popularizada del discurso de Huntington. «Lo llaman Aztlán y sabemos que los mexicanos quieren "la reconquista". Lo han dicho Elena Poniatowska, Ernesto Zedillo y el ex cónsul mexicano en Los Ángeles, José Ángel Pescador», dice, y añade que hizo un documental al respecto, cuya difusión a «gran escala» le ha servido para alertar a sus compatriotas y ganar nuevas adhesiones.

Advierte que quienes cruzan ilegalmente la frontera saben «las reglas del juego». «Ellos conocen los riesgos y saben que están actuando ilegalmente; por eso cuando ven a los vigilantes sólo se sientan y esperan a que venga la Patrulla Fronteriza; ni siquiera hay que usar las armas.»

## EL VIEJO OESTE

Tombstone, Arizona, es una población que vive de la remembranza del Viejo Oeste con un *show* diario para los turistas, basado en una balacera de 1881 entre el famoso Wyatt Earp y pistoleros locales en OK Corral. Su lema resulta irónico para los inmigrantes: «Una ciudad demasiado dura para morir.»

En la calle Toughnut número 312 se encuentra la sede de Civil Homeland Defense. En la puerta, una veintena de fotos de mexicanos buscados por la justicia. El líder de este movimiento nacional, Chris Simcox, dirige el pasquín del pueblo, donde publica sus diatribas antiinmigrantes. «Por esa frontera pueden entrar potenciales terroristas.»

Simcox es amigo de Jim Gillhrist, director de la organización Minuteman Project, cuyo siguiente «evento de caza de inmigrantes» está programado para el próximo mes de abril. Hasta ahora se han registrado 411 voluntarios de 41 estados, algunos con antecedentes militares o policiacos: «Es un *rally* de gente preocupada por su país que viene a combatir la invasión», comenta, y asegura que cada año entran ilegalmente al país 3 millones de personas.

El líder antiinmigrante trabajaba como profesor de educación básica en Los Ángeles, pero hace tres años lo dejó todo para entregarse a la «defensa de la patria» y acompañar a los Barnett y a Glenn Spencer en su «cruzada».

Desde entonces dice haber detenido a más de 5 000 inmigrantes de 26 países, la mayoría de México: «Somos muy humanos con ellos; les hemos salvado la vida a 157 mexicanos en los últimos años; gente que iba a morir, sin agua, que iban a ser robados y violados por los "coyotes". En realidad, si lo ve por el lado positivo, estamos ayudando a salvar vidas.»

Afirma que su trabajo consiste en educar «al pueblo estadounidense» y mostrarle las desventajas de la inmigración ilegal. Dice haber reclutado a más de 500 voluntarios venidos de todo Estados Unidos. A diario encabeza las «patrullas» de voluntarios que salen día y noche para «cazar ilegales».

Puro en mano y caminando por el desierto, hasta donde se ha desplazado acompañado por otros rancheros armados, advierte: «Hay 20 millones de ilegales, la mayoría mexicanos. Es hora de decir basta. Si el gobierno y las autoridades no lo hacen, nosotros lo haremos, con nuestros equipos y nuestra gente.»

Simcox muestra a la enviada, entre veredas polvorientas, ropa y artículos personales que los inmigrantes han dejado en el desierto luego de ser detenidos: «Dejan kilos de basura, cortan las cercas, violan las leyes. Por eso nosotros ayudamos a la Patrulla Fronteriza y denunciamos la actividad ilegal. Vemos y denunciamos. No detenemos.»

—¿Pero llevan armas?

—Sin usarlas. Nadie las usa para detener gente, a menos que invadan una propiedad privada. Entonces usan las pistolas o los rifles. Eso es absolutamente legal —comenta para luego justificar el arsenal que el FBI encontró hace unos meses en el cuartel general de Ranch Rescue.

Como cualquier cazador, Simcox se agacha para observar las «huellas frescas» de sus presas y, visiblemente entusiasmado por su actividad de perseguidor, advierte: «Bush trabaja para mí. Debe garantizarnos la seguridad de las fronteras y detener a los traficantes de seres humanos. Es inmoral que entre tanta gente ilegal.»

—¿Lo acusan de ser un racista, un supremacista?

—No soy racista. Siento una gran compasión por los mexicanos. Les ofrezco agua, atención medica…

—Algunos vienen porque padecen hambre…

—Ése es problema de Vicente Fox, no de los estadounidenses. ¿Por qué el presidente de México no cuida a su gente? ¿Por qué tienen que ser los impuestos de los estadounidenses los que cuiden a esos ilegales?

—Si dice ser compasivo, ¿por qué no dejarlos entrar para darles la oportunidad de empezar una nueva vida?

—Porque los ciudadanos estadounidenses estamos hartos de la inmigración ilegal, el crimen y las drogas que ello implica.

—¿Cuál es la solución?

—Militarizar la frontera y cerrarla.

## «¡STOP, FUCKING MEXICANS!»

En su quinto intento por pasar a Estados Unidos, la «migra» deportó al mexicano Enrique López. Iba con 20 compatriotas cuando a las siete de la mañana un grupo de rancheros «cazainmigrantes» los interceptó a la entrada de Douglas. A punta de pistola los obligaron a sentarse y estuvieron amedrentándolos durante dos horas.

«Nos asustamos mucho», cuenta López, con el miedo aún metido en el cuerpo. «El gringo iba vestido con ropa verde y nos alcanzó en una cuatrimoto. Luego nos gritó *¡Stop, fucking Mexicans!*, apuntándonos con una pistola de 9 milímetros. Tenía un odio en los ojos que parecía que nos quería matar. Yo pensé que allí iba a morir.»

López, originario del Distrito Federal, cuenta que uno de sus compañeros de travesía intentó correr y el ranchero les echó sus perros de caza. «Eran muy bravos. Y luego llegaron otros dos hombres y una mujer, con pistolas y rifles. Todos nos gritaban cosas en inglés de muy mala manera», recuerda. En el mismo grupo iba Romeo Magaña, originario de Tabasco. Quería llegar hasta Carolina del Norte, donde un compadre le iba a conseguir chamba. «Fue muy gacho —dice—. Me sentí totalmente desprotegido e intimidado por las pistolotas que traen. No nos dispararon, pero todo el tiempo nos apuntaron.»

Efraín y Rolando Gutiérrez también iban en ese grupo. Ambos están parados a dos cuadras de la línea divisoria, mirando un mapa para decidir a dónde ir. Cuentan que los rancheros fueron muy agresivos. «Llevaban binoculares y radios. Yo pensé que eran de la "migra" porque uno tenía el emblema en la chaqueta y en la gorra.»

Organismos de derechos humanos reciben cada año cientos de denuncias en contra de los rancheros «cazainmigrantes». En cada caso envían cartas al sheriff del condado de Cochise, Larry Dever, al fiscal del condado, Chris Roll, y al fiscal general de Arizona, Terry Goddard. La respuesta es casi siempre la misma: «Son incidentes aislados.»

«El gobierno de Arizona y el condado de Cochise no quieren luchar a favor de los inmigrantes», dice Ray Ybarra, representante en Arizona de la Unión Estadounidense de Libertades Civiles (ACLU por sus siglas en inglés), una organización que recientemente demandó al condado de Cochise y a la Patrulla Fronteriza por cinco casos de agresiones contra mexicanos cometidas por el grupo de rancheros encabezado por Roger Barnett.

«Como las autoridades policiacas son elegidas por el pueblo, no es popular defender a los migrantes. Este tipo de grupos armados sigue creciendo en la frontera y cada vez vienen más racistas a nuestro estado porque el gobierno no hace nada contra ellos. Tenemos casos documentados desde 1999», dice Ybarra en entrevista celebrada en Tucson, Arizona.

Gerardo González Ferrer, originario de Tuxpan, Michoacán, podría ser testigo clave en uno de los cinco juicios que se siguen contra Barnett. En entrevista telefónica, cuenta que el 7 de marzo del año pasado estaba cruzando el desierto de Arizona junto con 20 personas. «Ya para llegar a la 80, en Douglas, un ranchero que iba con perros nos encañonó con una pistola. Como hablo inglés, entendí lo que decía. El tipo nos empezó a mentar la madre y a decir que los mexicanos valíamos mierda, que Estados Unidos no necesitaba de trabajadores. Nos apuntó todo el tiempo con la pistola mirándonos como un león bravo y repetía: "No se muevan, hijos de la chingada. Al que se mueva, lo mato."»

González Ferrer continúa con su relato: «Una señora le imploró que nos dejara ir. Entonces él le contestó en español: "No. Si tú irte, perro morderte culo." Una muchacha que estaba escondida entre los matorrales empezó a moverse y el perro la quiso morder, y a mí se me ocurrió ayudarle. Fue cuando él empezó otra vez con las maldiciones y le dije en inglés: "No nos tienes por qué ofender. No nos tienes que humillar. Cuando yo salga de esto te voy a denunciar."»

González Ferrer llevaba tres años viviendo en Pensilvania y decidió ir a visitar a su familia a Michoacán. Para volver a Estados Unidos iba a pagarle a un «coyote» 1 700 dólares. Cuenta que a causa de su discusión con Barnett lo encarcelaron en la prisión de Douglas durante dos meses: «Por querer defender a mis compatriotas salí perdiendo, pero ganando en dignidad. Lo que está claro es que a este señor lo protege el sheriff y la Patrulla Fronteriza. Son sus amigos.»

El abogado Ybarra solicitó al gobierno de México subvencionar a González Ferrer y a otros seis mexicanos para que puedan viajar a Tucson y testificar en el juicio contra Barnett. «Yo sí estoy animado a ir —dice González Ferrer—. Quiero contar lo que nos hizo, quiero que se haga justicia. Nos trató peor que a animales. Muchos compatriotas han sido asesinados o heridos por estos hombres.»

El cónsul de México en Douglas, Miguel Escobar, ha documentado 300 casos de agresiones contra mexicanos perpetradas el año pasado por los rancheros de Arizona. «Este tipo de grupos de particulares armados que detienen a migrantes mexicanos afecta la integridad física de los connacionales. Hay un elemento de ilegalidad muy patente, porque son ellos los que ejecutan la ley y hemos expresado el repudio a este tipo de acciones xenófobas», expresa.

El cónsul sostiene que el gobierno mexicano proporciona asesoría legal, pero que muchos inmigrantes afectados prefieren no emprender acciones judiciales: «La mayoría no quiere testificar. Es razonable: no quieren problemas. Es gente auténticamente trabajadora, a la que no le interesa lo que ellos llaman "perder el tiempo".»

Escobar ha entrevistado a cientos de personas que fueron detenidas por los rancheros: «El hecho de que a un migrante se le aparezca esta gente armada constituye un acto intimidatorio, una amenaza. No son frecuentes las heridas de balas, pero existen casos».

## Y SE HIZO JUSTICIA

Es la historia de un triunfo, y también es un claro ejemplo de «justicia poética», una frase acuñada en Estados Unidos para describir cómo a veces los «buenos» pueden ganar a los «malos».

Fátima del Socorro Leiva Medina y Edwin Alfredo Mancía González decidieron cruzar la frontera por Hebbronville, Texas, el 18 de marzo de 2003, después de un largo viaje desde El Salvador y en compañía de un grupo de inmigrantes.

Al internarse en tierras áridas fueron interceptados por cazainmigrantes vestidos como paramilitares que a punta de pistola los persiguieron. Después de una carrera angustiosa, los «vigilantes armados» lograron capturar a la pareja de salvadoreños, a quienes detuvieron y maltrataron durante varias horas, para luego dejarlos ir.

En lugar de regresar a su país de origen, Fátima y Edwin decidieron aceptar la oferta de varias organizaciones de derechos humanos que se enteraron de su caso a través del consulado de El Salvador, para entablar una demanda contra los «cazainmigrantes» que los detuvieron ilegalmente, pertenecientes al grupo denominado Ranch Rescue.

Aceptaron, y después de casi tres años de litigio, el pasado 25 de enero el juez Alex Galbert, del condado de JimHogg, en Texas, decidió indemnizarlos con el rancho denominado Camp Thunderbird, que era propiedad de sus captores y «cuartel general» del grupo paramilitar, valorado en más de 120 000 dólares.

La pareja de inmigrantes salvadoreños recibió los documentos que acreditan la posesión de la finca, de 70 acres (28 hectáreas), ubicada en el condado de Cochise, Arizona, y Casey Nethercott, el antiguo propietario, cumple una condena de cinco años de cárcel por posesión ilegal de armas, aunque fue exonerado del delito de asalto y agresión.

Fátima y Edwin, sin relación ni parentesco entre sí, se repartirán el dinero de la venta del rancho. Ella vive en Dallas y él reside actualmente en Los Ángeles. Ambos han conseguido un estatus especial de permanencia en Estados Unidos, gracias a su colaboración con la justicia.

Ranch Rescue fue uno de los primeros grupos en iniciar operativos armados de vigilancia en la frontera hace seis años. Fue fundado por Bill King y Ron Sanders, quienes hasta mediados de los años 80 se desempeñaban como jefes de la Patrulla Fronteriza en los sectores de San Diego y Tucson, respectivamente. El grupo fue registrado en el año 2000 como una organización civil «no lucrativa» y tenía su cuartel general en Texas hasta que las demandas judiciales los obligaron a trasladarse al rancho de Arizona, ahora confiscado y entregado a los inmigrantes salvadoreños.

A pesar de la acción de la justicia, las autodenominadas «milicias civiles» de esta organización dicen contar con comandos en Arizona, Arkansas, California, Illinois, Nuevo México, Oregon, Washington, Colorado y Texas, pero gracias a la sentencia se canceló una operación de adquisición de un nuevo rancho en el condado de Webb, limítrofe con el río Bravo, donde iba a construirse su nuevo cuartel general.

«Estamos felices con nuestro éxito. Esta sentencia es un claro mensaje dirigido a los cazainmigrantes que se creen inmunes a la ley», dice en entrevista Kelly Bruner, abogada de la organización de derechos humanos Southern Poverty Law Center (Centro Legal de Pobreza del Sur), encargada del caso junto con los abogados Ricardo de Anda, de Laredo, Texas, John Judge, de Austin, Henry Garza, de Hebbronville, y Marisol Pérez, del Mexican American Legal Defense and Educational Fund de San Antonio (Maldef).

La demanda civil señala que en la detención ilegal de Leiva Medina y Mancía González participaron Joseph y Betty Sutton, dueños del rancho de Hebbronville, Texas; Jack Foote, Casey Nethercott y Henry Mark Coner Jr. «Los acusados y otros miembros de Ranch Rescue los confinaron sin autoridad legal ni justificación... Los demandantes temieron por sus vidas.» La pareja sufrió «estrés postraumático» debido a la privación de la libertad. Además de los daños psicológicos, Nethercott golpeó con su pistola a Edwin Alfredo en la cabeza y la espalda, y después ordenó a su perro *rottweiler* que lo atacara.

Dos meses después de los hechos, los abogados entablaron la demanda civil. En su testimonio, los salvadoreños dijeron estar «traumatizados por la terrible experiencia». Declararon que los rancheros los sometieron a prolongados interrogatorios, los acusaron de ser narcotraficantes y los sometieron a una revisión física mientras eran amenazados con armas de alto calibre. Creyeron que sus captores eran militares y que los iban a matar.

En abril del año pasado, el juez ordenó a los agresores pagar a los salvadoreños una indemnización de 1.35 millones de dólares y los acusó de posesión ilegal de armas, asalto, detención ilegal de personas y pertenencia a «una unidad paramilitar ilegal con motivaciones de odio racial».

El magistrado condenó a Nethercott a pagar 850 000 dólares y a Foote 500 000, mientras que los Sutton acordaron la suma de 100 000 dólares al atender puntualmente los requerimientos del juez. Los dos primeros acusados se negaron a acudir ante la justicia y por tanto se ordenó su detención. Foote se declaró insolvente y fue encarcelado, mientras los abogados encontraron el rancho propiedad de Nethercott.

Desde la cárcel, el principal acusado puso el rancho a nombre de su hermana, a quien luego los abogados demandaron para demostrar que la acción había sido fraudulenta con el fin de evitar pagar la compensación dictaminada por el juez. Finalmente, para evitar la cárcel, la hermana accedió a ceder el título de propiedad del rancho a los dos salvadoreños: «Mi hijo no sabe nada; estaría desconsolado de perder su rancho. Ésta es la peor manera», dijo Margaret Pauline Nethercott, madre del ranchero encarcelado.

Para Marisol Pérez, abogada de Maldef, la incautación del rancho tiene otro significado: «Es justicia poética. Estamos muy contentos porque con esta sentencia se da un ejemplo. En estos momentos hay tanto sentimiento antiinmigrante en Estados Unidos, que nuestro triunfo nos da más poder y más confianza para casos futuros. Queremos seguir defendiendo a personas que aparentemente no tienen derechos, pero la realidad es que a los inmigrantes también los protege la ley y ése es un mensaje que hay que dar a la opinión pública estadounidense, la cual debe saber que los inmigrantes también son humanos y tienen derechos como personas.»

Añade: «Para nosotros esa propiedad es un símbolo. Fue un rancho que constituyó un lugar de terrorismo en contra de los inmigrantes y ahora está en manos de dos inmigrantes salvadoreños. Por eso es tan importante que los inmigrantes reclamen y colaboren con la justicia.»

Fátima y Edwin ahora disfrutan los beneficios de esa colaboración. «Maldef fue fundamental para que ellos obtuvieran una visa. Ambos están trabajando y tienen protección migratoria para permanecer en Estados Unidos indefinidamente, gracias a su participación en esta investigación criminal. Aquí, cuando alguien está dispuesto a cooperar con la justicia, le dan la visa tipo U.

El litigio de la pareja de salvadoreños no es el primero que el grupo de abogados gana. Los primeros cazainmigrantes condenados fueron John Sutton y su esposa, dueños de un rancho en Texas, donde detuvieron a cuatro mexicanos a quienes obligaron a descalzarse para seguir caminando en una zona de cactus infestada de serpientes.

Los mismos abogados que defendieron a la pareja de salvadoreños actuaron también en este caso civil, que se resolvió el año pasado con una indemnización económica: «Los grupos terroristas de vigilantes blancos antinmigrantes han sido expulsados de la frontera tejanomexicana», dijo Ricardo de Anda, abogado de derechos humanos que interpuso las demandas contra Ranch Rescue y otra organización denominada Border Rescue.

Actualmente los abogados han encontrado el camino penal y civil para actuar contra los cazainmigrantes, y están llevando un caso de 16 michoacanos que fueron detenidos ilegalmente y agredidos por los hermanos Barnett en Douglas, Arizona.

«Tenemos que seguir con estos casos —dice Ray Ibarra, de la American Civil Liberties Union (ACLU), quien desde hace un año está en contacto con los michoacanos a los que ha ido a visitar a sus pueblos para grabar sus testimonios en video—. Es gente valiente que está dispuesta a colaborar.»

Explicó que actualmente están trabajando con algunos legisladores estadounidenses para conseguir que el Congreso declare «actividad ilegal» las acciones armadas de los cazainmigrantes. «Esta propuesta es nueva, pero pronto anunciaremos los resultados. Los cazainmigrantes no son miles; son sólo algunos paramilitares ubicados en la frontera a los que tenemos que parar porque el clima antiinmigrante crece.»

Para Marisol Pérez, que también participa en la acción penal de los 16 michoacanos, ya es hora de que la policía local, que conoce las actividades de estos cazainmigrantes, actúe. «La policía debe investigar. Ellos dicen que los inmigrantes, al entrar sin papeles, están cometiendo un delito, pero al mismo tiempo los cazainmigrantes están violando la ley porque asaltan, amenazan, detienen y a veces hieren. La policía local debería investigar a estos cazainmigrantes para ver si están violando la ley. Los vigilantes civiles armados no tienen entrenamiento y la policía debe investigar sus intenciones. ¿Cuál es el motivo por el que usan armas para vigilar personas que cruzan la frontera? Muchas veces no son sólo motivos antiinmigrantes; son también razones racistas. Es una combinación muy peligrosa para todos.»

Fátima y Edwin han preferido permanecer alejados de la prensa para no recordar «los malos momentos que pasaron» y actualmente están pensando qué hacer con su nueva propiedad. «La última decisión del juez, el 25 de enero, deja claro que nuestros clientes pueden vender el rancho sin ningún problema. La última vez que hablé con ellos me dijeron que estaban pensando en venderlo, pero aún no hemos empezado ese proceso. El dinero que se obtenga de la venta del rancho será para ellos, porque ellos son los dueños, aunque todavía no sabemos cuánto obtendrán», dice Kelly Bruner, abogada del Southern Poverty Law Center.

Explicó que a partir de esta sentencia, otros grupos de cazainmigrantes que operan en la frontera han anunciado los problemas que ahora enfrentan los miembros de Ranch Rescue. «Después de lo que le ha pasado a Nethercott, otros vigilantes o cazainmigrantes tomarán sus precauciones.»

La organización de defensa de los derechos humanos continuará trabajando en estos casos: «Hemos monitoreado las acciones de Ranch Rescue desde 2001 y gracias a eso iniciamos el procedimiento de la pareja de salvadoreños. Seguiremos observando de cerca qué hacen los "vigilantes" para continuar con este tipo de casos.»

## RANCH RESCUE

En Laredo, Texas, la justicia ha logrado desactivar, al menos temporalmente, a Ranch Rescue, una organización de paramilitares que en los últimos cinco años había detenido ilegalmente a inmigrantes a punta de pistola. Dos miembros fueron encarcelados, y hace un mes el grupo fue sentenciado a pagar una indemnización a sus víctimas de 2 millones 750 000 dólares, compensación que ha provocado la quiebra económica de los primeros «cazainmigrantes» condenados civil y penalmente.

«Los grupos terroristas de vigilantes blancos antiinmigrantes han sido expulsados de la frontera tejanomexicana», dice con profunda satisfacción el abogado de derechos humanos Ricardo de Anda, quien con ayuda del gobierno mexicano y junto a un grupo de abogados privados y organizaciones defensoras de los derechos humanos interpusieron una demanda contra Ranch Rescue, Border Rescue y cuatro de sus líderes: Joseph Sutton, Torre John Foote, Henry Mark Coner Jr. y Casey James Nethercott, acusados de atacar y detener ilegalmente a indocumentados bajo una «unidad paramilitar ilegal con motivaciones de odio racial».

En la demanda, a nombre de seis inmigrantes, dos salvadoreños y cuatro mexicanos, participaron Southern Poverty Law Center (Centro Legal de la Pobreza del Sur), con sede en Montgomery, Alabama, y el Fondo Mexicoestadounidense para la Defensa Legal y la Educación (Maldef), junto con los abogados John Judge y Henry Garza.

El juicio lo ganaron los inmigrantes y el tribunal estableció una indemnización de 2 750 000 dólares en el proceso civil seguido: «Hemos reclamado el pago en efectivo por parte de algunos de los demandados, y hemos embargado propiedades y efectivo de los demás, en ejecución del fallo. Estamos dirigiendo también nuestra acción sobre el rancho y tierras que Ranch Rescue tiene en Arizona, y sobre otras propiedades de los demandados, cuya responsabilidad está pendiente. Todo lo que se recaude va para nuestros clientes. Nosotros somos abogados de derechos humanos y estamos llevando este caso *pro bono*, o sea, sin cobrar, sin afán de lucro.»

Dos de los acusados fueron sentenciados y enviados a una prisión federal (Foote y Nethercott) y como consecuencia se canceló una operación de adquisición de un nuevo rancho junto al río Bravo en el condado de Webb, que iba a ser comprado por Ranch Rescue para utilizarlo como cuartel general.

De Anda explica los resultados de este triunfo: «Ranch Rescue se trasladó entonces a Arizona a causa de los arrestos, la demanda y la publicidad consiguiente. Los abogados de derechos humanos y el gobierno mexicano han continuado poniendo en evidencia a Ranch Rescue en Arizona con base en las acciones terroristas desarrolladas en Texas, y han recabado la ayuda de agentes federales.»

Durante los últimos diez años, Ranch Rescue ha comprado terrenos a lo largo de los 3 200 kilómetros de frontera entre México y Estados Unidos para «cazar» inmigrantes. El grupo fue fundado por dos ex funcionarios del Servicio de Inmigración y Naturalización (INS): Bill King y Ron Sanders, ex jefes de la Patrulla Fronteriza de los sectores de San Diego y Tucson, donde desempeñaron sus cargos a mediados de los años 80.

Registrada en el año 2000 como una organización civil «no lucrativa», Ranch Rescue tiene comandos en Arizona, Arkansas, California, Illinois, Nuevo México, Oregon, Washington, Colorado y Texas. «Nuestro objetivo es defender y preservar la propiedad privada de los ciudadanos.» «Propiedad ante todo y para siempre» es su lema.

En la demanda civil se relata cómo los cuatro mexicanos que cruzaban por el rancho de Joe Sutton fueron obligados a descalzarse para seguir caminando en una zona de cactus infestada de serpientes.

En Hebbronville, al noreste de Laredo, se celebró el juicio

contra un «vigilante civil», Casey James Nethercott, quien enfrenta cargos de asalto, posesión ilegal de armas y detención ilegal de personas.

Los hechos de este juicio penal se remontan al 18 de marzo de 2003, cuando Nethercott y otros dos miembros de Ranch Rescue detuvieron a los salvadoreños Fátima del Socorro Leiva Medina y Edwin Alfredo Mancía González, luego de haberlos rastreado con perros.

Los abogados que interpusieron la denuncia señalaron que la pareja de inmigrantes fue interrogada de manera prolongada por los rancheros, quienes los acusaban de ser narcotraficantes y los sometieron a una revisión física mientras eran amenazados con una pistola. «Como resultado, agentes federales arrestaron a Casey Nethercott y a Jack Foote, formulando cargos federales, y ahora están en una prisión federal. Mientras tanto, Nethercott ha sido condenado por un delito común en un tribunal estatal. Eran los dirigentes de Ranch Rescue. Otro terrorista blanco de Ranch Rescue fue tiroteado por agentes del FBI al resistirse a ser arrestado en este caso. El recinto del rancho de Ranch Rescue a lo largo de la frontera en Arizona fue confiscado en el procedimiento civil, y los terroristas blancos fueron dispersados.»

Cuando el FBI entró al cuartel general de Ranch Rescue en Arizona para capturar a John Foote, los agentes encontraron armas de grueso calibre cuyo uso está permitido sólo para las fuerzas armadas; también les encontraron explosivos, grandas y gran cantidad de municiones, así como sofisticados equipos de visión nocturna.

Para De Anda la frontera es en gran medida una realidad mexicana: «En cultura, comida, trabajo, comercio y, sobre todo, en población», puntualiza, y agrega que el fenómeno paramilitar es una consecuencia de la «mexicanización» de la frontera.

Añade: «Fueron asistentes mexicanos del sheriff quienes rescataron a los migrantes. También eran mexicanos los fiscales del distrito que acusaron a estos grupos. Fue un jurado de mexicanos quien formuló la condena de cárcel, y también un juez mexicano quien fijó una indemnización multimillonaria a favor de los migrantes. Fue el consulado mexicano el que promovió la actividad de las autoridades locales. ¿Qué mensaje podemos esperar que reciban los vigilantes blancos? Que los mexicanos de la frontera de Texas los han vencido. ¿Qué mensaje llega a sus acaudalados partidarios? Que los migrantes agredidos están recibiendo ayuda y están logrando indemnizaciones multimillonarias.»

Antes de este triunfo judicial, los paramilitares cometieron otros delitos en Texas. El 14 de mayo de 2000, Eusebio de Haro Espinosa y Javier Sánchez, ambos de 23 años, se detuvieron en una casa cerca de Rancho Leona para pedir un vaso de agua. Sam Blackwood, el ranchero dueño de la propiedad, les gritó que salieran de sus tierras y empezó a dispararles; una bala le dio a Eusebio en la ingle.

Lejos de llamar una ambulancia, Blackwood telefoneó a la Patrulla Fronteriza, que tardó 40 minutos en llegar. Eusebio de Haro murió desangrado: «A mi hijo lo mataron como a un perro. ¡Pobre, iba con muchas ganas de encontrar trabajo para mandarnos dinero!», dice su padre, Paciano de Haro Bueno, fabricante de fuegos artificiales que luego entabló un demanda judicial en contra del ranchero, exigiendo el pago de una indemnización de 15 millones de dólares.

Blackwood fue acusado de homicidio, pero el jurado lo encausó por un delito menor de conducta ilícita, con una pena de entre dos y 10 años de cárcel. Por tanto, el acusado sigue en libertad bajo fianza.

Existen decenas de casos de sangre, como el de Mauricio González, encañonado por el ranchero Coy Brown, quien luego de detenerlo y dejarlo ir, le disparó por la espalda. Por suerte, la bala atravesó una lata de frijoles que González llevaba en la mochila y no resultó herido.

Otro grupo de inmigrantes fue balaceado en Vega Verde por el ranchero Glenn Bordelon, y Wilbur Honeycutt, un policía que colaboraba con un programa de la DEA, disparó a un joven mexicano por la espalda cerca del río Bravo.

«En nuestro caso, el gobierno mexicano, a través de su consulado en Laredo, pudo convencer a las autoridades judiciales de Texas para presentar cargos contra los terroristas blancos. El consulado también facilitó la demanda civil presentada por los migrantes contra los terroristas y los propietarios de tierras, para permitir a las víctimas formular sus agravios y lograr así que los terroristas blancos fuesen castigados.»

## TRAICIÓN A SU PROPIA RAZA

Distribuidos a lo largo de la frontera entre México y Estados Unidos, los cazainmigrantes cuentan con nuevos aliados: los «cazadores» de origen mexicano que se han unido a su «cruzada» para perseguir a los de su propia raza.

La ciudad fronteriza de Calexico es el nuevo centro de acción de los grupos «vigilantes» en California. Encabezados por el mexicoestadounidense Andy Ramírez, los cazainmigrantes aseguran que tiene cubiertos los 400 kilómetros de frontera en este estado. «Queremos detener a los terroristas y a todo aquel que intente cruzar ilegalmente la frontera.»

Nieto de mexicanos, Ramírez fue jugador de *hockey* y asegura que tuvo que esperar «horas y días» para recibir asistencia médica porque los hospitales estaban llenos de «ilegales». Su caso es un ejemplo de los «cazainmigrantes latinos», un fenómeno nuevo que las organizaciones de defensa de los derechos de los migrantes coinciden en señalar como «alarmante».

El «vigilantismo» de estos grupos es relativamente nuevo en California, ya que desde hace cinco años el flujo migratorio de indocumentados que tradicionalmente entraba por esta frontera se desplazó a Arizona, Texas y Nuevo México, lugares donde los «cazainmigrantes» han operado de manera organizada y sistemática desde el año 2000.

La incorporación de los «latinos» a estos grupos de corte racista creados por los autodenominados «supremacistas blancos» intenta presentar una imagen de pluralidad para legitimar sus demandas: «Es importante destacar que tenemos a latinos en nuestras filas —dice Jim Gilchrist, fundador de los autodenominados Minuteman Project, quien recientemente enfoca su discurso xenófobo hablando de "sus latinos"—. Nuestro trabajo no es sólo de blancos contra mexicanos. Esto no es racismo. Todos queremos poner fin a la inmigración ilegal.»

Los «cazainmigrantes latinos» han creado sus propias organizaciones para oponerse a una «amnistía general» a favor de los trabajadores inmigrantes mexicanos y para exigir a nombre de «la herencia hispana» el cierre de las fronteras.

«Los trabajadores ilegales están quitándoles los empleos a nuestros hijos, amigos y vecinos —dicen en una carta enviada al presidente George Bush—. El incumplimiento de nuestras leyes provoca que cada vez más empleadores protejan a trabajadores ilegales… Es hora de que muestre su liderazgo y proteja nuestras fronteras.»

Hispanos antiinmigrantes crearon la coalición Hispanics Secure Borders, que agrupa a decenas de organizaciones del país compuestas por latinoamericanos contrarios a la inmigración. Estos «latinos hispanofóbicos» participan activamente en los llamados *rallies* de los cazainmigrantes en la frontera.

En California están encabezados por Lupe Moreno, presidenta de Latino Americans for Immigration Reform, así como Rosana Pulido, Angelina Morfín Vargas, Richard Valdemar, Alex Burrola, Jim López, Priscilla Espinosa y Linda Balderrama. «Creemos en las normas de la ley para proteger a nuestro país contra los ilegales. Nuestros ciudadanos son primero. ¡Únete a nosotros por nuestras familias, la verdad, Dios y Estados Unidos!», dicen en su página *web*.

A pesar de su origen mexicano, se niegan a hablar español y acusan a los inmigrantes hispanos de «usar» los servicios de educación y salud que corresponden a los «ciudadanos legales». «Mi país es Estados Unidos y el gobierno está haciendo todo por los ilegales y no por mis hijos. No se trata de racismo, queremos hacer las cosas legalmente. Hay gente que piensa que porque somos morenos estamos con los hispanos que violan la ley. ¿Por qué si soy latina no puedo hacer lo correcto? Las cosas están cambiando; cada vez más latinos nos apoyan», dijo mientras participaba en una protesta en Sacramento el 29 de octubre.

El Pew Hispanic Center reveló en agosto pasado que los hispanos nacidos en Estados Unidos se oponen más a los inmigrantes ilegales: «Al menos una tercera parte de los nacidos aquí se quejan sistemáticamente de que los inmigrantes indocumentados perjudican a la economía porque hacen caer los sueldos», señala el estudio.

Por el contrario, la investigación señala que 76 por ciento de los nacidos fuera de Estados Unidos opinan que los inmigrantes ilegales «ayudan a la economía» del país, mientras que la cifra cambia a 34 por ciento cuando se trata de la primera o segunda generación de hispanos nacidos en el país: «El 60 por ciento de los nacidos en Estados Unidos apoyó la decisión de no otorgar licencias de conducir a los ilegales.»

«Es un fenómeno francamente alarmante —dice en entrevista Francisco Estrada, director en California de la organización Mexican American Legal Defense and Educational Foundation (Maldef por sus siglas en inglés)—. Pero hay que recordar que en todas las razas ha habido estas traiciones, como los judíos de Alemania que colaboraron con los nazis o la Malinche, que traicionó a su propia raza.»

## Grupos de odio

El movimiento antiinmigrante y la actividad de los «vigilantes» van unidos, según un informe del Southern Poverty Law Center, una organización que investiga a los grupos racistas e intolerantes del país, que desde 2001 y 2002 alertó sobre el incremento de estos grupos y su influencia en el Congreso.

Esta organización documentó en 2004 un total de 42 grupos de odio racial en California. A pesar de la propaganda que los «vigilantes» utilizan, el ambiente en Calexico es contrario a los cazainmigrantes: «Andy Ramírez dijo que habían reclutado a 2000, luego a 700 y finalmente dicen que andaban en el desierto sólo 20. En realidad no se atrevieron a venir a la ciudad porque saben que aquí no son bienvenidos. Aquí las raíces mexicanas son muy fuertes», dice el sargento Gonzalo Gerardo, del Departamento de Policía de Calexico.

Gerardo es hijo de mexicanos, y aunque nació en Estados Unidos, se siente orgullosamente mexicano: «Aquí todos vivimos la cultura mexicana, todos somos hispanos. ¿Qué van a hacer, pararme a mí cuando me vean en la calle vestido de civil porque tengo aspecto de mexicano? Yo soy nacido en Estados Unidos, y como yo, cientos de aquí son ciudadanos estadounidenses. Además, ellos no son nadie para detener a las personas y preguntarles su estatus migratorio. La gente no simpatiza con esos grupos racistas, y menos si son hispanos. Es como ir contra tu propia raza.»

El Southern Poverty Law Center señala en su informe *The Puppeteer* (El titiritero), que el financiamiento de los grupos antiinmigrantes proviene de la misma fuente: John H. Tanton, cofundador de la Federación Americana de la Reforma Migratoria (FAIR por sus siglas en inglés). Los grupos antiinmigrantes que han recibido dinero de este señor y que están catalogados como «grupos de odio» son: Coalición de California para la Reforma Migratoria (a la que pertenecen la mayoría de los latinos antiinmigrantes), Voces Unidas de Ciudadanos o American Border Patrol, California por la Estabilzación de la Población y Concilio de Ciudadanos Conservadores.

Tanton impulsa en California las reformas a las leyes que pretenden endurecer el acceso de los inmigrantes a los servicios sociales. Fue él quien financió el movimiento a favor de la polémica proposición 187 y en contra de la reforma migratoria de 1996.

La publicidad que obtienen los «cazainmigrantes» en los medios de comunicación estadounidenses o hispanos es mucho mayor que su eficacia y alcance: «En general son muy pocos hispanos e incluso estadísticamente también son pocos estadounidenses —dice Nativo López, director de la Hermandad Mexicana Nacional—. Es gente que pertenece al espectro más radical de la derecha estadounidense. ¿Por qué no va a haber allí hispanos que se manifiestan contra su propia raza? Han asimilado la plataforma política del Partido Republicano.»

López ha dedicado los últimos 35 años de su vida a la promoción de la igualdad para los mexicanos que radican en Estados Unidos. Desde hace años analiza las actitudes de los latinos antiinmigrantes: «Es algo que tiene que ver con el fenómeno histórico de la asimilación forzada. Ellos se asimilan como nuevos estadounidenses para ser aceptados, se ven obligados a olvidar sus raíces, a dar la espalda a su propia raza e incluso a sus propios familiares. En psicología se denomina autoodio, es decir, odiarse a sí mismos para que los anglosajones los acepten.»

Según sus estudios, los latinos antiinmigrantes se inscriben dentro del espectro de la derecha más reaccionaria estadounidense: «El surgimiento de los cazainmigrantes coincide con un endurecimiento del ala más derechista del Partido Republicano. Y es que ya van 12 años desde la aprobación del TLC, que ha propiciado la ruina de la industria agrícola en México y, por consiguiente, la expulsión de seres humanos de México y Centroamérica hacia Estados Unidos.»

Afirma que bajo la administración de Vicente Fox cada año logran entrar a Estados Unidos más de 450 000 mexicanos, una estadística en crecimiento comparada con el sexenio anterior, en que el número era de 250 000 personas: «Esta expulsión de mano de obra está causando una reacción de la derecha política estadounidense para rechazar este flujo de gente. Los latinos antiinmigrantes son utilizados abiertamente por los anglosajones, y ellos se dejan usar».

## ANTILATINOS

El gobernador de California, Arnold Schwarzenegger, ha impulsado la actividad de los grupos «cazainmigrantes». Los recibió en sus oficinas en Sacramento y los felicitó por su «trabajo» en la frontera. En septiembre propuso «sellar» la frontera entre California y México. Desde que llegó al cargo, hace dos años, ha sido criticado por sus acciones antiinmigrantes. En varias ocasiones ha vetado una ley para que los indocumentados obtengan licencias de conducir, y recientemente propuso recortes a los sistemas de Seguridad Social que atienden a migrantes.

María Poblet, portavoz de la coalición de asociaciones en defensa del migrante Deportemos a la Migra, que vigilan la actividad de los cazainmigrantes en California para evitar que cometan abusos contra los migrantes, considera que es importante que las autoridades californianas dejen de promover el odio racial: «Estos grupos cazainmigrantes incluyen a uno que otro latino, para tratar de esconder el racismo que tienen contra nosotros. Pero es una vergüenza que los latinos se afilien a ellos y persigan a su propia gente. La tierra es de quien la trabaja y a este país hemos venido a trabajar. California no sería nada sin la mano de obra de los migrantes. Con base en eso tenemos los mismos derechos que el resto de los ciudadanos.»

Muchos de los líderes latinos antiinmigrantes pretenden obtener puestos de representación popular a través del Partido Republicano con un discurso antilatino, como el de Andy Ramírez, Lupe Moreno o Robert Vásquez, comisionado del condado de Canyon, en Idaho, quien afirma que los migrantes cuestan mucho dinero al Estado: «Hay quienes me llaman racista o traidor, pero esto no es una cuestión racista; es algo puramente económico», dice.

Francisco Estrada, de Maldef, desmiente esta tesis: «Estudios objetivos, como el de la Universidad de California publicado hace poco, indican que 80 por ciento de los tratamientos de emergencia en hospitales son para ciudadanos estadounidenses y que los migrantes indocumentados sólo consumen una pequeña parte. Entonces lo que esta gente promueve no es verdad.»

Andy Ramírez intenta conseguir permiso de los dueños de los ranchos cercanos a la frontera para que su «gente», la mayoría de ellos armados, accedan a sus propiedades a fin de «vigilar» el paso de indocumentados. «Estoy recibiendo mucho apoyo, no sólo de hispanos que quieren impedir que la gente entre aquí de manera ilegal, sino de todo tipo de gente», declara Rosana Pulido, quien se ha unido a Ramírez en las «patrullas de cacería».

Las organizaciones de apoyo a los migrantes intentan evitar las actividades de estos grupos. Claudia Smith, que dirige la agrupación California Rural Legal Assistence, ha enviado a los propietarios de los ranchos una seria advertencia: «Al parcer, el señor Ramírez no ha informado a estos dueños que, al darle autorización para estar en sus terrenos, se exponen a sufrir una demanda por indemnización si se llegara a cometer algún abuso o delito en contra de algún migrante mientras realizan las mencionadas actividades de "vigilancia".»

Mientras trabajaba en el valle Imperial, cerca de la frontera, Smith recibió un disparo de arma de fuego: «Afortunadamente la bala pegó en mi coche y no me pasó nada. Es una muestra de que la frontera cada día es más peligrosa con los cazainmigrantes armados.»


MÉXICO LINDO, SI MUERO LEJOS DE TI...

Bajo el intenso calor del desierto, el cementerio Terrace Park de los «no identificados» luce tétrico y desolado: no hay tumbas; tampoco flores, ni césped; simplemente sobre la tierra árida están distribuidos ladrillos con el nombre inscrito de John Doe o Jane Doe.

La diferencia entre los muertos que pagan y los que no es mucha. El resto del cementerio, ubicado a 16 kilómetros al noreste de Mexicali, está cubierto de hierba verde y sembrado de monumentos funerarios con sus respectivos adornos. La zona de los sin nombre —donde también se entierra a los indigentes— está dividida por un seto. Es la sección llamada Godforsaken (dejada de la mano de Dios).

En total hay 651 difuntos. La mayoría son mexicanos indocumentados que intentaban llegar al «sueño americano», pero murieron en el camino de la anhelada «tierra prometida» y ahora yacen en una fosa común del condado Imperial. Sólo unas cruces blancas con la leyenda «No olvidado», colocadas por una organización humanitaria, hacen recordar que en este lote están enterrados seres humanos.

En la mayoría de los casos estos muertos se han convertido en «desaparecidos» todavía buscados por sus familiares, quienes viven en la incertidumbre por la falta de un programa sistematizado de identificación y la desatención de los gobiernos de México y Estados Unidos.

A lo largo de los 3 200 kilómetros de frontera entre ambos países, miles de mexicanos pierden la vida, especialmente en el territorio conocido como El Camino del Diablo, un tramo de 200 kilómetros entre Sásabe y Yuma, donde cientos de personas reposan en fosas comunes, como en el cementerio Mount Hope, que cubre el condado de San Diego, o el panteón Evergreen de Tucson, en el condado de Pima, Arizona.

«Ellos no envían remesas porque están enterrados en suelo estadounidense, pero todavía son mexicanos en el exterior. Un tercio de los 3 000 muertos en la frontera son no identificados y no pueden quedar en el olvido», dice Claudia Smith, directora de la organización California Rural Legal Assistance Foundation, dedicada a la defensa de los derechos humanos de los migrantes, y quien desde hace cinco años recorre los cementerios de la zona en busca de los John y Jane Doe mexicanos.

Más de 3 000 personas han muerto en la frontera durante la última década a consecuencia del desvío de los flujos migratorios provocado por la llamada Operación Guardián, que las autoridades estadounidenses han implementado a fin de evitar la entrada de indocumentados, algo que ha funcionado sólo en las zonas urbanas.

El desierto inhóspito se ha convertido en un enorme colador de seres humanos, un camino fúnebre que los mexicanos cruzan a 45 grados centígrados y que en ocasiones significa la muerte. Algunos son abandonados por los «polleros»; otros se arriesgan a cruzar el desierto solos y se pierden en la yerma inmensidad, y otros más perecen ahogados o asesinados por las mafias del tráfico humano.

«Casi siempre están en avanzado estado de descomposición, y en muchos otros casos sólo encontramos el esqueleto o partes o restos del cuerpo», afirma Víctor Rocha, administrador público del condado Imperial que tiene a su cargo la inhumación de los cuerpos no identificados.

Nacido en Mexicali y criado en este lado de la frontera, Rocha vive cotidianamente el drama de los indocumentados: «Se me hace muy duro ver a tantos fallecidos que tratan de llegar al sueño americano, porque yo también soy de allá. ¿Y qué termina siendo el sueño americano para ellos? La muerte. Es un precio muy alto el que tienen que pagar, todo por intentar mejorar económicamente.»

La oficina, ubicada en la ciudad de El Centro, a 15 kilómetros de Holtville, canaliza todos los cuerpos encontrados en la zona a cierto cementerio, hasta que se llena, y entonces cambian de camposanto. «El forense se encarga del cuerpo y luego nos lo pasa. Es cuando damos una última oportunidad de identificación al Consulado mexicano avisándole que vamos a esperar unos días antes de enterrar a la persona. Les damos a conocer todos los detalles de las pertenencias o las características: color de pelo, un arete, un tatuaje, algo… cualquier cosa sirve para identificar.»

Las autoridades estadounidenses intentan de esta manera que el gobierno mexicano localice y avise a los familiares del fallecido: «Pero un gran número de ellos no son reclamados. La mayoría siguen aquí porque en México no existe un banco de datos. Creo que apenas están reuniendo datos, aunque a nosotros no se nos ha informado oficialmente que tengan una base.»

TRISTE FINAL

El servicio mortuorio de los no identificados es «el más económico», explica Joe Benavidez, encargado de la funeraria Hemf Brothers, que junto con la empresa Frye Chapel posee el contrato municipal del condado para los entierros de los Jane y John Doe.

«Cuando los hallan muertos en el desierto o en el canal, se los llevan al forense y les hacen una autopsia, si los restos lo permiten. El condado nos manda un fax con el número asignado al muerto. Nosotros vamos, lo recogemos, lo empacamos y lo metemos al refrigerador hasta que el administrador público nos manda la orden de sepelio.»

Sin revelar el precio del servicio, explica que el presupuesto asignado sólo alcanza para enterrarlos en un «cajón regular básico de madera comprimida», y que no se realiza ninguna ceremonia. «Los sepultamos hasta el fondo del cementerio para que estén separados de los otros», dice refiriéndose a las tumbas ubicadas en la zona ajardinada.

Como cristiano, Benavidez ofrece por su cuenta un último adiós a los fallecidos: «Antes de bajar el ataúd, todos los compañeros le rezamos un padrenuestro. No se de qué religión sean, pero a fin de cuentas todos rezamos al mismo Dios y esa gente no tiene a nadie que le diga una plegaria ni que le llore.»

Según sus estadísticas, menos de 20 por ciento de esos cuerpos son reclamados. Los demás permanecen en las fosas comunes. «Sólo nos han tocado dos exhumaciones de cuerpos que fueron identificados por las pertenencias», recuerda por su parte Rocha, el administrador público, a quien le tocó atender el caso de 20 personas abandonadas en el desierto por un «pollero». «Sólo un hombre sobrevivió. Lo malo es que esto va a continuar, mientras haya la ilusión de salir de la pobreza.»

—¿Por qué no hay pruebas científicas en este proceso? ¿Por qué no existe un banco de datos centralizado?

—Técnicamente las pruebas se hacen en Estados Unidos. Incluso se retira el maxilar inferior para estudiarlo. Me ha tocado ver unos casos de restos que me pongo a pensar cómo es posible que las personas se arriesguen a esto. Es incomprensible cómo se exponen a cruzar el desierto sin preparación alguna. Tiene que ser gente muy desesperada, aunque entiendo que la desesperación más grande es ver sufrir a tu familia por el hambre o por apuros económicos.

—¿Por qué hay tantos cuerpos sin identificar?

—Por el simple hecho de que no hay nada que los identifique. Nos hemos dado cuenta de que la mayoría de la gente viene sin identificación porque cruzan sin ningún papel para evitar que los identifiquen las autoridades y así poder cruzar la frontera varias veces. Y porque en México no hay una base de datos.

La acumulación de cuerpos no identificados provoca que los cementerios municipales de este lado de la frontera se vean saturados: «Conforme se van llenando las áreas se van rotando los cementerios del condado. He visto reportajes donde muchas personas andan buscando a sus familiares en México, cuando en realidad es muy probable que los puedan encontrar de este lado, en Estados Unidos; lo malo es que nadie se lo dice.»

El cónsul mexicano en Calexico, Pablo Jesús Arnaud Carreño, asegura que a partir de este año el gobierno mexicano ha implementado un «novedoso» programa para intentar afrontar la problemática de los no identificados: «Metemos todas las fotografías de los no identificados y a través del sistema se busca algún rastro para identificarlo: por la cara del individuo o sus huellas. En caso de que el cuerpo esté en avanzado estado de descomposición, el mismo sistema permite crear una foto a partir de los restos y de esa manera se genera una información y se busca en los archivos de la secretaría».

Sin embargo, el gobierno mexicano no cuenta con una base de datos científica. «Es que la prueba de ADN es muy cara. Hay un convenio de la Universidad de Arizona para que hagan el estudio y en todo caso, si los familiares proporcionan datos de la persona, se puede hacer. Pero no ha habido la petición de la gente de hacer ese estudio.»

—¿Y si no hay petición no se hace?

—No. Se necesita que los familiares los reclamen, pero muchas veces no se reclama nada. Piensan que está desaparecido y resulta que el pariente está enterrado en una fosa común.

—¿Por qué México no hace la prueba de ADN?

—Porque nosotros no tenemos los medios. Necesitaríamos unos superlaboratorios, y no tenemos los recursos para eso. Es muy caro.

—Entonces, ¿cuál es la solución para el rezago de más de 1 000 cuerpos sin identificar?

—Mire, ahora estamos atendiendo este año. Lo peor sería no haberlo creado y haber seguido como estábamos. Además, en Estados Unidos falta empujar la reforma migratoria para evitar que sigan viniendo personas sin identificación.

Para Rocha, el problema es de los dos gobiernos, no sólo de uno: «En México nomás les dan la bendición a la gente que pasa, y en Estados Unidos tratan de detenerla o de bloquearle el paso, y eso no soluciona nada, porque los mandan a lugares

más peligrosos. En el desierto no hay absolutamente nada…sólo la muerte. Es necesario que los dos gobiernos se pon-
gan de acuerdo.»

## LA BÚSQUEDA

Ambos gobiernos intentan minimizar la cifra de muertos en la
frontera. El Departamento de Seguridad Interior excluye de
sus cifras a los esqueletos, fallecidos en persecuciones, asfi-
xiados en trenes y remolques, así como a los muertos encontrados más allá de 100 millas de la frontera. De igual forma, la
Secretaría de Relaciones Exteriores excluye a los no identificados con el argumento de que no se sabe si son mexicanos, pese
a que la Patrulla Fronteriza ha asegurado que 96 por ciento de
las detenciones son de ciudadanos mexicanos.

Y es que los cementerios van llenándose, explica Cristina
Mason, encargada del panteón de Holtville: «Por eso va cambiando el lugar donde los entierran. Nosotros sólo les damos a
estos Jane y John Doe su bloque de cemento con un número.
La funeraria se pone en contacto y programamos el entierro.
Es bastante triste. Casi nadie viene a buscarlos; sólo en
contadas ocasiones hemos tenido que exhumar los ataúdes para entregarlos a los familiares.»

Los no identificados enterrados en Estados Unidos se convierten, del otro lado de la frontera, en «desaparecidos» para
sus familias, que de manera angustiosa viven la incertidumbre
de no saber que pasó con sus seres queridos.

El padre Alfredo Camarena, quien llegó hace un año de Ro-
ma para trabajar en la Casa del Migrante Scalabrini, ubicada en

Tijuana, donde desde hace 18 años se atiende a migrantes deportados, conoce el sufrimiento de los mexicanos que buscan a sus «desaparecidos». «Murieron allá, pero la responsabilidad alguien la tiene que asumir, mientras no se identifique la procedencia. Sería bueno poner un cementerio para estas personas no identificadas en la Ciudad de México, ya que la mayoría son mexicanos o centroamericanos, y el gobierno debería hacer las pruebas científicas para investigar más a fondo esta realidad, porque, si no se tiene identificada a esta gente, ¿a dónde van a ir los familiares? Se necesita un estudio más minucioso de identificación.»

Las organizaciones de derechos de los migrantes de ambos lados de la frontera realizan misas en honor a los fallecidos. «Sólo en lo que va del año ya llevamos 400 muertos, muchos sin identificar. Los familiares quieren ver a sus muertos, quieren ir a rezarles, llevarles flores el Día de Muertos o el día que falleció. Eso es una tradición muy importante para los latinos, porque tenemos una fe.»

El padre Camarena ha sufrido en carne propia las dificultades para repatriar un cuerpo: «Cuando mi padre murió, en Chicago, tuvimos que trasladarlo a Jalisco. Es muy caro, no teníamos medios y pedimos el auxilio de todos los parientes y personas de buena voluntad.»

La situación de los cementerios de los Jane y John Doe preocupa a la Iglesia católica, ya que a los no identificados no se les ofrece ninguna ceremonia religiosa. «El significado de la cruz es importante para los católicos. La cruz es el símbolo de la muerte, pero también de la resurrección. Están muertos, pero están vivos. Cada quien debe tener una cruz con el nombre y las fechas en que nació y murió: una sepultura digna.»

Añade: «El gobierno está más ocupado en otros temas y no le está dando importancia a la realidad migratoria. Si el gobierno no lo hace, alguien lo tiene que hacer. Esta gente vive en el desamparo.»

Para el padre Camarena, el Operativo Guardián es una de las razones del incremento de las muertes: «Al poner las bardas y los muros de contención, no han parado la migración; esto continúa. Esos muros son un fracaso. Es una mentira decir que se ha frenado la migración. La migración se fue a los lugares más peligrosos: el desierto, las montañas y las regiones donde no hay poblaciones. Eso está obligando a la gente a caminar más días por el desierto y con más peligros. Por eso hay muchas más muertes.»

La mayoría de los muertos son adultos, pero a veces se encuentran adolescentes o familias enteras con sus niños. «Es algo que se ha dejado en el olvido. No se le está dando seguimiento a la identificación de osamentas o esqueletos», afirma Uriel González , director de la Casa YMCA, un refugio que desde hace 14 años acoge a menores migrantes de entre 13 y 17 años, con sede en cuatro ciudades fronterizas.

Explica: «Estamos preocupados y decepcionados de la forma en que no se está dando respuesta a la identificación de los cuerpos. Donde se tiene una mayor concertación es en el área de Mexicali y Calexico, sobre todo en el canal Panamericano. Allí hay más muertes de connacionales no identificados, pero esto se da a todo lo largo de la frontera.»

De acuerdo a sus estadísticas, 1.8 por ciento de las muertes en la frontera son de menores de edad: «Hemos tenido la experiencia de gente que viene buscando a sus familiares. Lo malo es que nunca tenemos una respuesta positiva. En los pocos casos en los que se encuentra un cuerpo identificado, el transporte del mismo a México cuesta entre 3 000 y 4 000 dólares, y muchas veces las familias no tienen los medios para sufragar estos gastos.»

El refugio, que ha atendido a 27 000 menores, se ha convertido en una necesidad para los migrantes adolescentes. González cuenta que le llegan historias sobre los nuevos «métodos de cruce» dirigidos a los más pequeños, ya que los «polleros» generalmente no cruzan a los menores de edad por áreas peligrosas, aunque también mueren en el camino. «No se les arriesgan demasiado al evitar cruzarlos por las áreas de desierto o ríos caudalosos. Los adultos se van por el desierto, donde no hay barreras artificiales, pero los límites naturales son mucho más difíciles. Para todos, pasar al otro lado, se ha convertido en la ley de la selva. El más fuerte sobrevive y el débil desafortunadamente muere.»

## INDEMNIZACIÓN Y JUSTICIA

«Las familias no pueden vivir con los muertos flotando en el limbo. Hay que devolverles su nombre a los mexicanos muertos no identificados», dice Claudia Smith, directora de California Rural Legal Asistance Foundation, organización que interpuso una demanda contra Estados Unidos ante la Comisión Interamericana de Derechos Humanos para exigir que se indemnice a las familias mexicanas de los migrantes muertos.

Smith lleva parte de su vida dedicada a la defensa de los derechos humanos y es una de las grandes especialistas en la investigación del fenómeno migratorio. «Yo responsabilizo a

Estados Unidos de las muertes, pero responsabilizo al gobierno mexicano de la no identificación de sus connacionales.»

La Secretaría de Relaciones Exteriores ha contratado el diseño del Sistema de Identificación de Restos y Localización de Individuos (SIRLI) para crear una base de datos que sirva como instrumento a la hora de la localización de connacionales reportados como desaparecidos: «Por fin este año han comprado un programa para poder identificar de manera tradicional a los no identificados.»

Smith se refiere a la «identificación circunstancial», que incluye detalles físicos como tatuajes, registros dentales que incluyan piezas faltantes o enmarcadas en metal, ropa, osamentas, cicatrices, tipo de cabello, fotografías y complexión física.

Sin embargo, advierte que la nueva medida tomada por el gobierno mexicano no es suficiente, ya que no atiende el rezago de más de 1 000 muertos no identificados, ni aplica las técnicas científicas de manera centralizada. «Hay que utilizar toda la cuantiosa información recabada por los forenses estadounidenses y la proporcionada por las familias de los desaparecidos, y hacerla que cuadre.»

Y es que desde hace años aproximadamente 24 forenses que trabajan en los condados fronterizos de California, Arizona, Nuevo México y Texas transmiten a la cancillería mexicana información sobre los no identificados encontrados en este lado de la frontera.

«Cuando un gobierno tiene un monopolio de información del paradero de los no identificados, como lo tiene el gobierno mexicano, porque los forenses estadounidenses se lo proporcionan, hay una obligación de maximizar el uso de esa información», agrega la activista.

Explica que el hecho de que el gobierno mexicano se haya negado durante tantos años a identificar los restos mortales de sus connacionales no es sólo un «incumplimiento moral», sino una violación de los derechos humanos, ya que la Corte Interamericana de Derechos Humanos ha señalado este hecho específicamente cuando a la gente se le niega el consuelo de sepultar dignamente a sus seres queridos.

«Hay familias que llevan diez años buscando y viven en la angustiosa incertidumbre de no saber si el ser querido está vivo o muerto. Eso es incluso peor que la certidumbre de saber que está muerto.»

Smith lleva cinco años instando a la Secretaría de Relaciones Exteriores y a la de Salud a que recurran a pruebas de ADN en el caso de la identificación de algunos restos mortales. «Lo que está haciendo el gobierno mexicano no es suficiente. Se necesita el ADN sobre todo cuando los cuerpos están muy descompuestos, como en el caso de los ahogados, cuyos cuerpos generalmente tardan algunos días para salir a la superficie, y entonces ya están muy descompuestos.»

Recuerda el caso de un padre que perdió a su hijo en el río y días después, cuando le enseñaron el cuerpo, no lo reconoció. «El señor no sabía que era su hijo, y no tenía dinero para hacerle una prueba de ADN. El gobierno tiene que canalizar esto. Este señor vivió algo terrible al perder a su hijo, y al mismo tiempo, al no poder recuperar su cuerpo.»

Hace cinco años, la activista se sorprendió ante la falta de información de ambos gobiernos sobre los muertos no identificados. Fue entonces cuando inició su recorrido por los cementerios para localizarlos. «La primera vez que fui al cementerio de Holtville fue después de una tormenta. Me di cuenta de que la zona de los no identificados no se ve en el cementerio. Uno tiene que caminar y luego se encuentra con que los tienen bajo tierra rasa con un ladrillo. Ese día había llovido tanto que me pidieron que no caminara por las fosas porque me podía hundir. Fue terrible y muy triste ver cómo gente que había salido con tanta esperanza había ido a parar allí. Fue cuando dije: ¡Se tiene que hacer algo!»

Desde entonces, cada Semana Santa acuden a realizar un acto simbólico en ese lugar colocando cruces de madera blanca con la leyenda «No olvidado», ya que según las Sagradas Escrituras, el primer campo del alfarero fue comprado: «Judas devuelve las monedas, pero los sacerdotes no quieren poner ese dinero en el tesoro porque es dinero con sangre, y en su lugar crean un cementerio para "extranjeros".»

Asegura que el nuevo sistema de identificación del gobierno mexicano ni siquiera ha sido promocionado para que las familias acudan al lugar correcto a solicitar información sobre sus desaparecidos. «Eso todavía lo están ajustando. Sólo se han logrado unas cuantas identificaciones, pero estamos hablando del 2005. Ahora están negociando con una antropóloga estadounidense para ver si ella se puede encargar de obtener las muestras de ADN y compararlas con muestras de sangre de los parientes, pero creo que sólo puede hacer muy pocas al año.»

Explica que después de las masacres en Bosnia, Estados Unidos sufragó con millones de dólares la identificación de unos 40 000 restos. «El sistema no es barato, pero tampoco es prohibitivo en cuanto a costo. Además, cuando uno quiere establecer parentesco en el sistema penal, tiene que hacerlo con un grado de certeza muy alto y es necesario el ADN.»

El banco electrónico de datos entre ambos países es una urgente necesidad, principalmente por los familiares de las víctimas: «Las familias se desplazan a la frontera en busca de sus seres queridos. Llegan a los albergues y con las ONG y no hay manera de ayudarlas. No hay ni una lista centralizada. El gobierno de México tiene que contar con un plan razonable para atender el rezago.»

Antes que nada, advierte que con el nuevo sistema se tienen que dar los pasos muy bien medidos. «No vayan a crear expectativas que no puedan cumplir. Y si lo van hacer para que las personas vengan a buscar a sus desaparecidos, entonces tiene que haber un plan realista de identificación. El objetivo de este banco computarizado es que la información de los forenses estadounidenses se pueda cotejar con la de las familias que buscan a los desaparecidos.»

Recuerda que hace dos años lograron que el Congreso mexicano destinara dinero para la identificación. «Pero no ha sido suficiente, considerando el rezago y el problema de trasladar a México los cuerpos identificados. Las familias se han endeudado para enviar al migrante, y no se pueden endeudar más para recuperar los cuerpos.»

Para el traslado de los cuerpos, Smith ha solicitado que Mexicana y Aeroméxico cooperen sufragando el costo, de manera que se pueda utilizar la partida del Congreso para la identificación. «Estas aerolíneas lucran mucho con los migrantes porque los transportan a la frontera. También han conseguido contratos muy ventajosos para las repatriaciones. Lo mínimo que se les puede pedr es que si los traen, se los lleven cuando mueren. Estamos hablando de 300 cuerpos al año. Tampoco es tanto el gasto considerando sus ganancias.»

Añade: «Es una exigencia moral de parte del gobierno mexicano. Cuando 14 personas mueren en el desierto en un mismo día, o 20 se asfixian en un remolque, envían un avión de la Fuerza Aérea para llevarlos de vuelta. Pero los migrantes también se mueren de uno en uno, y no por eso su muerte merece menos atención. Lo mínimo que les debe el gobierno mexicano a "estos héroes" es sufragar el costo de recuperar sus restos.»

*Sí se puede,* de Sanjuana Martínez
se terminó de imprimir en junio 2006 en
Comercializadora y Maquiladora Tucef, S.A. de C.V.
Venado N° 104, Col. Los Olivos
C.P. 13210, México, D. F.